westermann

Denken *und* Rechnen

Erarbeitet von
Gudrun Buschmeier
Julia Hacker
Susanne Kuß
Claudia Lack
Roswitha Lammel
Alexandra Weiß
Maria Wichmann

3

Inhaltsverzeichnis

Spaßbad „Welle"

2-Stunden-Karte:
Erwachsene   9 €
Kinder   5 €

Tageskarte:
Erwachsene   12 €
Kinder   8 €

1 Welche Frage passt jeweils? Rechnet und antwortet.

a)

Wir möchten jeder eine Tageskarte.

A Reicht das Geld?

B Wie viel müssen sie insgesamt bezahlen?

C Wie lange bleiben sie im Spaßbad?

b)

Bitte eine 2-Stunden-Karte.

A Wie viel kostet eine Tageskarte für Erwachsene?

B Wie alt ist Frau Lack?

C Wie viel Geld bekommt sie zurück?

c)

Drei Tageskarten bitte.

A Wie viel kostet der Eintritt für alle zusammen?

B Wie viel Geld bekommen sie zurück?

C Wie viel Geld hat Max dabei?

2 Welche Rechengeschichte passt zur Aufgabe? Fragt, rechnet und antwortet.

a)   3 · 5 €

A Elif hat 5 € dabei. Sie kauft sich im Spaßbad ein Eis für 3 €.

B Lea, Greta und Niko kaufen jeweils eine 2-Stunden-Karte im Spaßbad.

b)   50 € – 12 €

A Herr Lange hat noch 50 €. Er kauft eine Tageskarte im Spaßbad.

B Frau Blase kauft eine 2-Stunden-Karte. Sie bezahlt mit einem 20-€-Schein.

3 Erfindet eine Rechengeschichte zu diesen Aufgaben. Gebt sie zum Lösen weiter.

a)   9 € + 5 €

b)   2 · 8 € + 12 €

4 a) Diese Rechengeschichten sind nicht lösbar. Erklärt.

A Frau Büker geht mit ihren Kindern in das Spaßbad. Sie kauft Tageskarten. Wie viel muss sie bezahlen?

B Felix geht um 10:00 Uhr in das Spaßbad. Dort trifft er seine Freunde. Wie lange war er im Spaßbad?

b) Verändert die nicht lösbaren Aufgaben so, dass ihr sie lösen könnt.

Preise recherchieren. **1** Passende Frage auswählen. Rechnung und Antwort im Heft notieren.
2 Passende Rechengeschichte auswählen. Rechnung und Antwort im Heft notieren.
3 und **4** Evtl. Rechengeschichten auf einer Karteikarte notieren und zum Rechnen weitergeben.

AH 1   FÖ 1
FO 1   FI8 8

5 Welche Skizze passt jeweils zur Rechengeschichte?
Rechne und antworte.

a)
Dilek taucht 5 m weit.
Leonie taucht 4 m weiter
als Dilek.
Wie weit taucht Leonie?

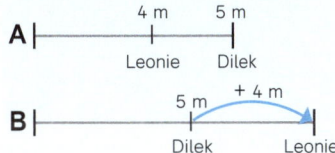

b)
Jana taucht 11 m weit.
Liam schafft 3 m weniger
als Jana.
Wie weit taucht Liam?

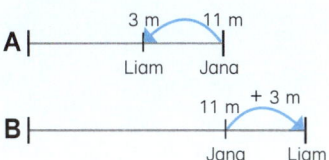

6 Zeichne jeweils eine Skizze. Rechne und antworte.

a) Max taucht 4 m weit. Lasse schafft es sogar doppelt so weit wie Max.
Wie weit taucht Lasse?

b) Elif schafft 10 m. Das sind 6 m mehr als Sinan.
Wie weit taucht Sinan?

c) Marie taucht 12 m weit. Tom schafft 2 m weniger als Marie.
Esra taucht halb so weit wie Marie.
Wie weit tauchen Tom und Esra?

d) „Ich bin 10 m getaucht. Der Unterschied unserer Strecken ist 5 m", sagt Selim zu Jana.

7 Die Rechengeschichten sind unvollständig.

a) Schreibt die Rechengeschichten ab und ergänzt die Lücken sinnvoll.

A Im Schwimmbecken sind
▨ Mädchen und ▨ Jungen.
Wie viele ▨
sind im Schwimmbecken?

B Eine Bahn im Spaßbad ist etwa ▨ m lang.
Ella schwimmt ▨ Bahnen ohne
Unterbrechung.
Wie viele Meter schwimmt Ella?

C Paul schwimmt ▨ Bahnen ohne
Unterbrechung.
Mathilda schwimmt sogar ▨ .
Wie viele ▨ schafft Mathilda?

D Das Spaßbad öffnet jeden Tag
um ▨ Uhr und schließt
um ▨ Uhr.
Wie viele Stunden ist das Spaßbad geöffnet?

b) Löst die Rechengeschichten. Rechnet und antwortet.

c) Erfindet eine eigene Rechengeschichte mit Lücken.
Gebt sie zum Lösen weiter.

AH 1 FÖ 1   7 c) Offene Aufgabe.
FO 1

5

1  Wie rechnen die Kinder? Erklärt.
Wie rechnest du?

| 56 + 29 | Mein Weg: |

56 + 20 = 76
76 + 9 = ▢
Dana

50 + 20 = 70
6 + 9 = 15
_____
70 + 15 = ▢
Emre

56 + 20 + 9 = ▢
Jonas

2 Rechne auf deinem Weg.

a) 27 + 19   b) 46 + 25   c) 37 + 48

◄ 46 71 76 85   Eine Kontrollzahl bleibt übrig.

Wortspeicher 📖
Addiere 36 und 28.
36 **+** 28 = 64
Die **Summe** ist 64.

3
a) 15 + 15   b) 35 + 35   c) 26 + 16   d) 47 + 17   e) 58 + 27
   15 + 16   35 + 36   26 + 17   47 + 18   69 + 42
   15 + 17   35 + 37   26 + 18   47 + 19   76 + 34

◄ 30 31 32 42 43 44 64 65 66 70 71 72 73 85 110 111

4
a) 25 + 25   b) 17 + 15   c) 36 + 28   d) 45 + 16   e) 37 + 73
   26 + 25   16 + 15   35 + 27   46 + 17   87 + 27
   27 + 26   18 + 17   38 + 29   48 + 18   97 + 15

◄ 31 32 33 35 50 51 53 61 62 63 64 66 67 110 112 114

5 Jannik rechnet Plusaufgaben mit diesen Zahlen: ▢18 ▢26 ▢35

Er behauptet: „Das Ergebnis ist immer eine gerade Zahl."
a) Rechnet Plusaufgaben mit diesen Zahlen.
b) Hat Jannik recht? Erklärt.

a) 1 8 + 2 6 =
         2 6 +

6
a)
7 + 8
17 + 18
27 + 28
37 + ▢
▢ + ▢

b)
16 + 7
15 + 27
14 + 47
13 + ▢
▢ + ▢

c)
9 + 18
19 + 18
29 + 18
39 + ▢
▢ + ▢

d)
25 + 28
23 + 30
21 + 32
19 + ▢
▢ + ▢

e) Welches Päckchen beschreibt Maja?

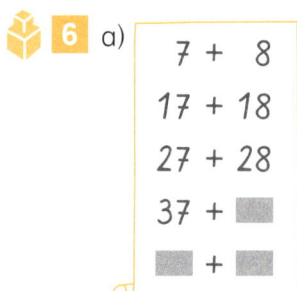

„Die erste Zahl wird immer um 10 größer.
Die zweite Zahl bleibt gleich.
Deshalb wird die Summe immer ...“

 f) Sucht andere Päckchen aus und beschreibt sie euch gegenseitig.

Subtrahieren – Rechenwege

1  Wie rechnen die Kinder? Erklärt.
Wie rechnest du?

| 76 – 59 | | Mein Weg: |

```
76 – 50 = 26
26 –  9 = ▦
         Merle
```

```
76 – 9 – 50 = ▦
         Jost
```

```
76 –  9 = 67
67 – 50 = ▦
         Yasmin
```

2 Rechne auf deinem Weg.

a) 54 – 18   b) 71 – 26   c) 92 – 34

17 36 45 58

> 📖 **Wortspeicher**
>
> **Subtrahiere** 15 von 32.
> 32 **–** 15 = 17
> Die **Differenz** ist 17.

3
a)	b)	c)	d) 🐝	e) 🐬
50 – 20	70 – 20	40 – 30	80 – 40	100 – 40
50 – 22	70 – 21	40 – 32	80 – 45	105 – 46
50 – 27	70 – 24	40 – 37	80 – 48	106 – 48

3 8 10 23 28 30 32 35 40 45 46 49 50 58 59 60

4
a)	b)	c)	d) 🐝	e) 🐬
25 – 18	57 – 29	93 – 34	62 – 43	100 – 27
35 – 18	57 – 39	83 – 34	65 – 47	110 – 18
45 – 28	77 – 49	73 – 36	66 – 49	103 – 34

7 17 17 17 18 18 19 28 28 29 37 49 59 69 73 92

5
a)
```
52 – 20
52 – 22
52 – 24
52 – ▦
▦ – ▦
```

b)
```
80 – 30
81 – 32
82 – 34
83 – ▦
▦ – ▦
```

c)
```
45 – 29
55 – 29
65 – 29
75 – ▦
▦ – ▦
```

👥 d) Welche Beschreibung gehört zu welchem Päckchen? Ordnet zu.

Die erste Zahl wird immer
um 1 größer. Die zweite Zahl
wird immer um 2 größer.
Deswegen wird die Differenz
immer um 1 kleiner.

Leonie

Die erste Zahl bleibt gleich.
Die zweite Zahl wird immer um 2 größer.
Deswegen wird die Differenz immer um
2 kleiner.

Yussuf

👥 e) Beschreibt das dritte Päckchen.

AH 2–3 FÖ 4–5   Wortspeicher nutzen. **1** Rechenwege besprechen.
FO 3 FI8 2,4,7

7

1 a) Wie viele Würfel wurden für jede Treppe benötigt?

A

1

B

1 + 2

C

1 + 2 + ▮

D

▮▮▮▮▮

b) Wie viele Würfel werden für die nächste Treppe benötigt?

2 a) Wie viele Würfel wurden für jede Treppe benötigt?

A

3

B

3 + 6

C

3 + 6 + ▮

D

▮▮▮▮▮

b) Wie viele Würfel werden für die nächste Treppe benötigt?

3 a) Wie viele Würfel wurden für jede Pyramide benötigt?

A   *1 + 9*   B   *1 + 9 +* ▮   C   ▮▮▮▮▮▮▮

b) Wie viele Würfel werden für die nächste Pyramide benötigt?

4 a) Wie viele Kugeln wurden für jede Pyramide benötigt?

A    B    C    D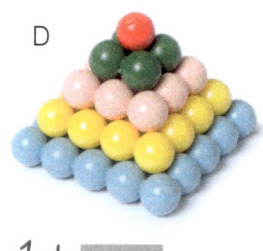

1 + 4   *1 + 4 +* ▮   *1 +* ▮▮▮   *1 +* ▮▮▮

b) Wie viele Kugeln werden für die nächste Pyramide benötigt?

c) Gibt es in dieser Folge eine Pyramide, die aus 100 Kugeln gebaut ist? Erkläre.

Evtl. mit Material nachbauen.   AH 3
                                       FO 3

1 a) Rechnet. Erkennt ihr das Muster? Setzt fort.

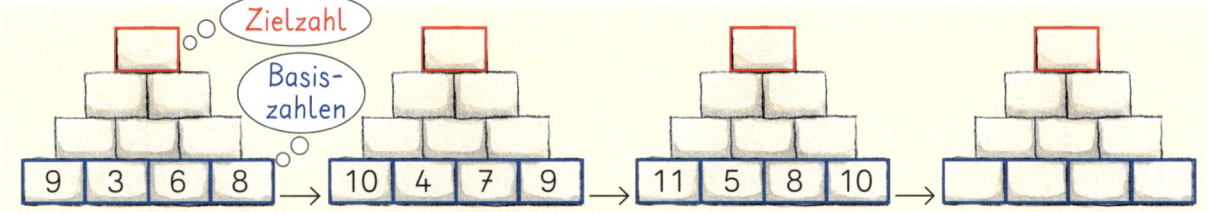

| 9 | 3 | 6 | 8 | → | 10 | 4 | 7 | 9 | → | 11 | 5 | 8 | 10 | → |

b) Beschreibt, wie sich die Zahlenmauern verändern.

„Die Basiszahlen werden jeweils ▬▬▬▬▬ .

Deshalb wird die Zielzahl ▬▬▬▬▬ ."

2 a)

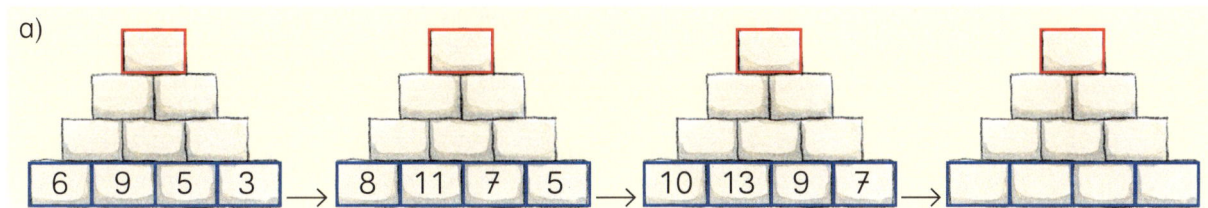

| 6 | 9 | 5 | 3 | → | 8 | 11 | 7 | 5 | → | 10 | 13 | 9 | 7 | → |

b) Beschreibt, wie sich die Zahlenmauern verändern.

3

Eman beschreibt das Muster so:

„Die Basiszahlen werden jeweils um 2 kleiner.
Deshalb wird die Zielzahl jeweils um 16 kleiner."

Setzt Emans Muster fort. Rechnet.

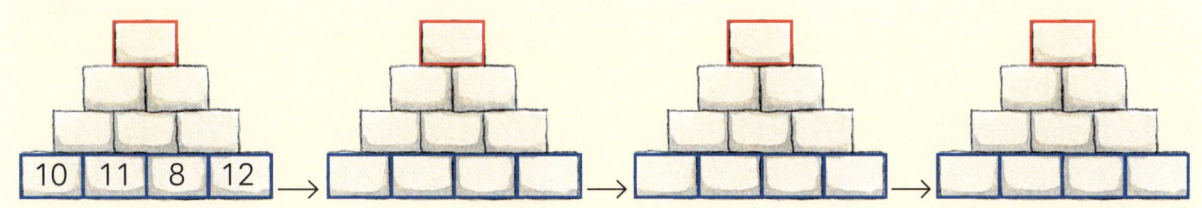

| 10 | 11 | 8 | 12 | → | → | → |

4 Erfindet ein eigenes Muster.
Rechnet. Beschreibt.

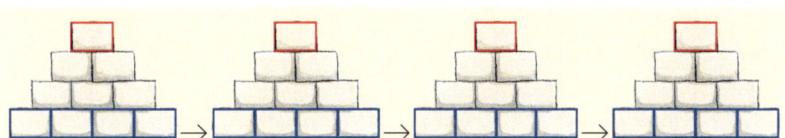

5 **Forschen**   Vertauscht die vier Basiszahlen.

| 10 | 11 | 12 | 13 |

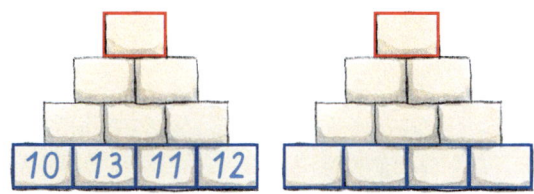

| 10 | 13 | 11 | 12 |

a) Wann erreicht ihr die **größte** Zielzahl?
b) Wann erreicht ihr die **kleinste** Zielzahl?

AH 4   FÖ 6
FO 4

1 bis 5 Kopiervorlagen 54 und 59 nutzen. Beschreiben und begründen, wie sich die Zahlenmauern verändern. 4 Offene Aufgabe. 5 Immer mit der ersten Mauer vergleichen.

9

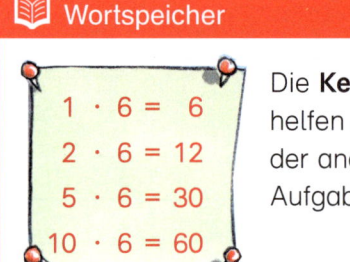

Wortspeicher

1 · 6 = 6
2 · 6 = 12
5 · 6 = 30
10 · 6 = 60

Die **Kernaufgaben** helfen beim Lösen der anderen Aufgaben.

1 Rechne die Kernaufgaben.

a) 1 · 4   b) 1 · 7   c) 1 · 8   d) 1 · 9
   2 · 4   2 · 7   2 · 8   2 · 9
   5 · 4   5 · 7   5 · 8   5 · 9
  10 · 4   10 · 7   10 · 8   10 · 9

e) Schreibe auch die Kernaufgaben für die 1er-, 2er-, 3er-, 5er-, und 10er-Reihe.

2 Stellt euch gegenseitig die Kernaufgaben aller Einmaleinsreihen.

Wortspeicher

Multipliziere 4 und 6.
4 · 6 = 24
Das **Produkt** ist 24.

3 Rechne die Kernaufgabe und die Nachbaraufgabe.

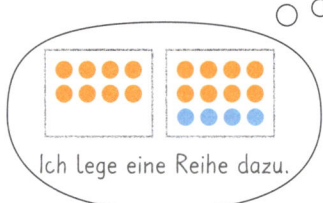

Ich lege eine Reihe dazu.

a) 2 · 4   b) 5 · 10   c) 2 · 6   d) 5 · 7   e) 2 · 8
   3 · 4   6 · 10   3 · 6   6 · 7   3 · 8

f) 5 · 8   g) 2 · 9   h) 5 · 9   i) 2 · 7   j) 5 · 5
   6 · 8   3 · 9   6 · 9   3 · 7   6 · 5

4 Rechne die Kernaufgabe und die Nachbaraufgabe.

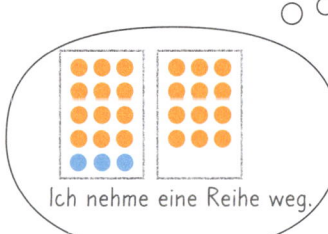

Ich nehme eine Reihe weg.

a) 5 · 3   b) 10 · 7   c) 5 · 9   d) 10 · 6   e) 5 · 6
   4 · 3   9 · 7   4 · 9   9 · 6   4 · 6

f) 10 · 9   g) 5 · 7   h) 10 · 8   i) 5 · 8   j) 10 · 3
   9 · 9   4 · 7   9 · 8   4 · 8   9 · 3

5 Rechne die Aufgabe oder die Tauschaufgabe.

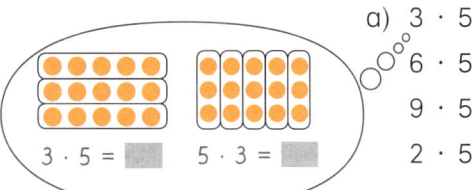

3 · 5 =   5 · 3 =

a) 3 · 5   b) 8 · 2   c) 2 · 7   d) 9 · 10   e) 6 · 2
   6 · 5   8 · 10   5 · 7   10 · 6   2 · 9
   9 · 5   8 · 5   5 · 3   7 · 10   10 · 2
   2 · 5   8 · 1   3 · 10   10 · 4   2 · 2

6 Knobeln

A   Timos Vater ist sechsmal so alt wie Timo. Zusammen sind sie 42 Jahre alt.
Wie alt ist Timo?
Wie alt ist Timos Vater?

B   Leo und Lisa sind Zwillinge. Ihre Mutter ist doppelt so alt wie beide zusammen. Alle drei sind zusammen 48 Jahre alt.
Wie alt sind Leo und Lisa?
Wie alt ist ihre Mutter?

Wortspeicher nutzen.   AH 5   FÖ 7–8
     FI 11 3–22

Multiplizieren

1 Schreibt möglichst viele Malaufgaben zu diesen Ergebnissen.

a) | 20 | a) $2 \cdot 10 = 20$
                $4 \cdot 5 =$

b) | 16 | c) | 24 | d) | | e) | 80 |

2
a) $3 \cdot 2$ b) $4 \cdot 8$ c) $8 \cdot 8$ d) $7 \cdot 2$ e) $9 \cdot 2$ f) $6 \cdot 2$
$\quad 3 \cdot 4$ $4 \cdot 4$ $8 \cdot 4$ $7 \cdot 4$ $9 \cdot 4$ $6 \cdot 4$
$\quad 3 \cdot 8$ $4 \cdot 2$ $8 \cdot 2$ $7 \cdot 8$ $9 \cdot 8$ $6 \cdot 8$

3
a) $5 \cdot 3$ b) $7 \cdot 3$ c) $9 \cdot 9$ d) $8 \cdot 9$ e) $4 \cdot 9$ f) $2 \cdot 3$
$\quad 5 \cdot 6$ $7 \cdot 6$ $9 \cdot 6$ $8 \cdot 6$ $4 \cdot 6$ $2 \cdot 6$
$\quad 5 \cdot 9$ $7 \cdot 9$ $9 \cdot 3$ $8 \cdot 3$ $4 \cdot 3$ $2 \cdot 9$

4 Stellt euch gegenseitig Einmaleinsaufgaben.

 $6 \cdot 9$ 54

5 In jeder Rechentafel sind fünf Fehler. Rechne richtig.

a)
·	2	4	8
3	7	12	24
5	10	21	40
7	14	30	54
9	18	36	70

a) $3 \cdot 2 = 6$

b)
·	3	6	9
2	6	10	18
4	12	24	40
6	21	36	55
8	24	58	72

c)
·	7	5	10
3	24	20	30
5	35	25	50
7	50	35	77
9	63	45	80

6

a) Meine Zahl ist eine Dreierzahl und eine Sechserzahl. Sie liegt zwischen 20 und 25.

b) Meine Zahl ist eine Siebenerzahl und eine Fünferzahl. Sie liegt zwischen 30 und 40.

c) Meine Zahl ist eine Neunerzahl, eine Sechserzahl und eine Dreierzahl. Sie ist kleiner als 30.

d) Meine Zahl ist eine Achterzahl und eine Viererzahl. Sie ist größer als 30 und kleiner als 40.

e) Meine Zahl ist eine Fünferzahl, eine Zehnerzahl und eine Achterzahl. Sie ist kleiner als 50.

f) Meine Zahl ist gerade. Sie ist eine Siebenerzahl. Sie ist größer als 45 und kleiner als 70.

AH 5   FÖ 9–10   **1** d) Offene Aufgabe.
FO 5   FI 1 13–22

11

1 Für wie viele Tage reichen die 12 Äpfel?

Ich esse jeden Tag 2 Äpfel.

Wir essen jeden Tag zusammen 3 Äpfel.

Ich esse ...

2 Wie viele Äpfel sind jeweils in einer Tüte?

a)

Ich verpacke 20 Äpfel in 5 Tüten.

| a) | 2 | 0 | : | 5 | = | | |
| | In | einer | Tüte | sind | | | |

📖 **Wortspeicher**

Dividiere 15 durch 3.
15 **:** 3 = 5
Der **Quotient** ist 5.

b)

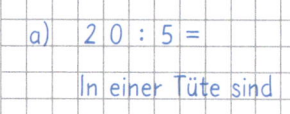

Ich verpacke 18 Äpfel in 9 Tüten.

c)

Für 10 Äpfel habe ich 2 Tüten.

d)

Ich verpacke 16 Äpfel in 4 Tüten.

3 Rechne zur Probe die Umkehraufgabe.

a) 12 : 3
18 : 3
27 : 3

| a) | 1 | 2 | : | 3 | = | 4 | denn | 4 | · | 3 | = | 1 | 2 |

b) 16 : 4
32 : 4
36 : 4

c) 24 : 8
48 : 6
16 : 2

d) 32 : 8
35 : 7
42 : 6

e) 0 : 6
64 : 8
56 : 7

f) 21 : 3
15 : 3
3 : 3

g) 24 : 4
0 : 4
20 : 4

🐝h) 14 : 7
9 : 1
50 : 5

🐝i) 25 : 5
45 : 9
36 : 9

4 Schreibt möglichst viele Geteiltaufgaben zu diesen Zahlen.

a) 24

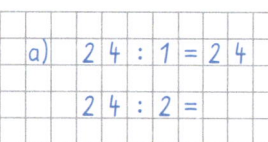

| a) | 2 | 4 | : | 1 | = | 2 | 4 |
| | | 2 | 4 | : | 2 | = | |

b) 36

c) 12

d) 20

🐝e) 48

5

| 3 | 8 | 9 | 10 | 12 | 20 | 22 | 35 | 36 | 45 |

a) Welche Zahlen könnt ihr durch 5 dividieren?
b) Welche Zahlen könnt ihr durch 2 dividieren?
c) Welche Zahlen könnt ihr durch 2 und durch 4 dividieren?
d) Welche Zahlen könnt ihr durch 2, 5 und 10 dividieren?

12

Dividieren mit Rest

1 Opa will gerecht **verteilen**.

$$16 : 3 = 5 \text{ Rest}\_\_\_$$

2 a) Verteile immer an drei Kinder.

A    B    C

> 📖 **Wortspeicher**
>
> **Dividieren mit Rest**
> $17 : 5 = 3 \; \mathbf{R} \; 2$
> $\qquad\quad 3 \; \mathbf{Rest} \; 2$

b) Verteile immer an vier Kinder.

3 Dividiert. Was fällt euch auf?

a)
```
10 : 2
11 : 2
12 : 2
13 : 2
14 : 2
15 : 2
```

b)
```
 9 : 3
10 : 3
11 : 3
12 : 3
13 : 3
14 : 3
```

c)
```
20 : 5
21 : 5
22 : 5
23 : 5
24 : 5
25 : 5
```

d)
```
20 : 4
21 : 4
22 : 4
23 : 4
24 : 4
25 : 4
```

🐝 e)
```
30 : 6
31 : 6
32 : 6
33 : 6
34 : 6
35 : 6
```

4 Dividiere mit und ohne Rest.

a) 25 : 5   b) 36 : 6   c) 16 : 4   d) 50 : 10   e) 45 : 5
   27 : 5   38 : 6   18 : 4   54 : 10   47 : 5
   29 : 5   40 : 6   20 : 4   58 : 10   49 : 5

(24 : 3)   (16 : 8)   (27 : 9)

5 a) 25 : 3   b) 17 : 8   c) 29 : 9   d) 13 : 6   🐬 e) 71 : 7
      26 : 3   18 : 8   32 : 9   14 : 6   72 : 7
      28 : 3   21 : 8   35 : 9   17 : 6   75 : 7

6 Forschen

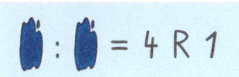
$$\blacksquare : \blacksquare = 4 \; R \; 1$$

Welche Zahlen könnten unter den Klecksen stehen?
Schreibe mehrere Möglichkeiten.

AH 7   FÖ 14   Wortspeicher nutzen.
FO 6   FI11 28–29   **1** und **2** Evtl. Gegenstände in der Tischgruppe gleichmäßig verteilen.

13

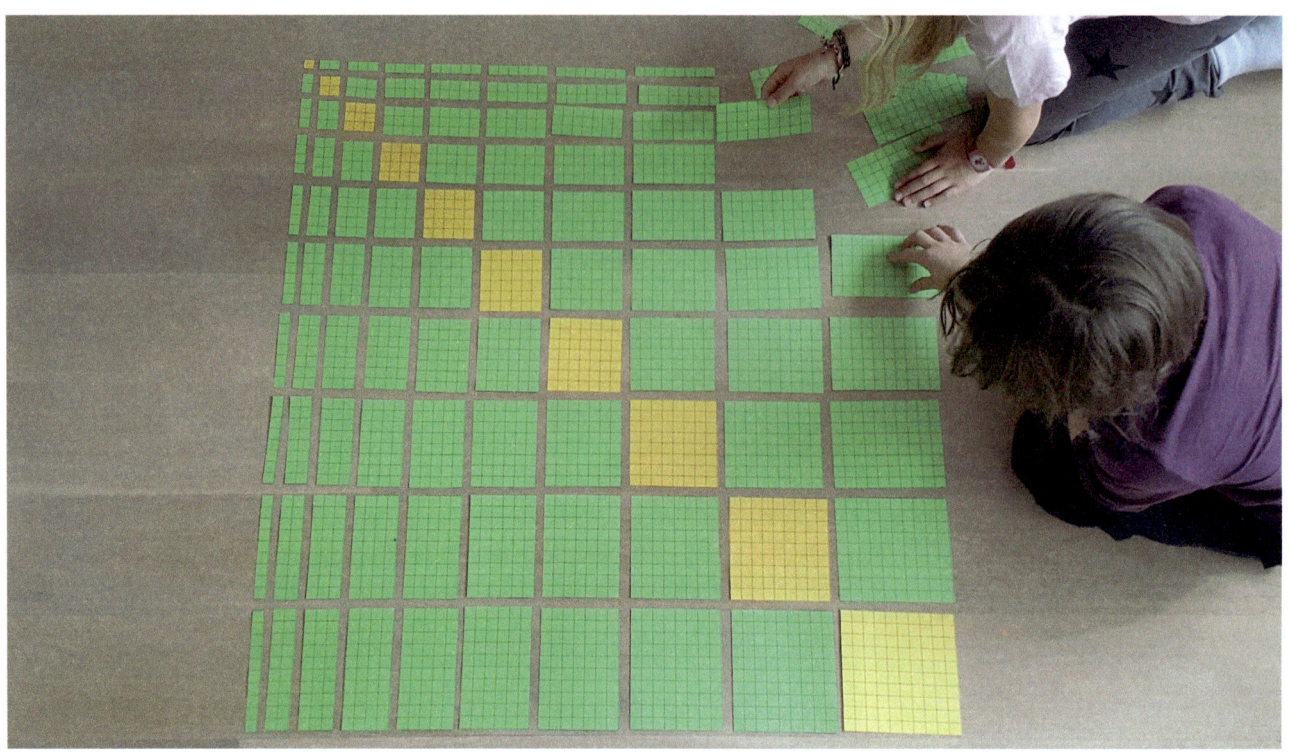

1  Die Klasse 3b hat zu jeder Einmaleinsaufgabe ein Rechteck ausgeschnitten. Beschreibt. Was fällt euch auf?

2 Zeichnet die Quadrate. Rechnet die Malaufgaben. Setzt fort.

$1 \cdot 1 = \mathbf{1}$ $2 \cdot 2 = \mathbf{4}$ $3 \cdot 3 = $  $4 \cdot 4 = $

> 📖 **Wortspeicher**
>
> Wenn man eine Zahl mit sich selbst multipliziert, ist das Produkt eine **Quadratzahl**.
> $1 \cdot 1 = \mathbf{1}$
> $2 \cdot 2 = \mathbf{4}$

3 Welche Zahlen sind Quadratzahlen?
Schreibe nur zu den Quadratzahlen die Malaufgaben.

a) 100   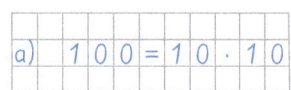 a) $100 = 10 \cdot 10$ b) 25   c) 42   d) 81   e) 16

f) 12   g) 32   h) 9   i) 1   🐝 j) 90   🐝 k) 4

4 Wie geht es jeweils weiter? Zeichnet. Setzt die Muster um zwei Figuren fort. Beschreibt die Regel.

a)

b)

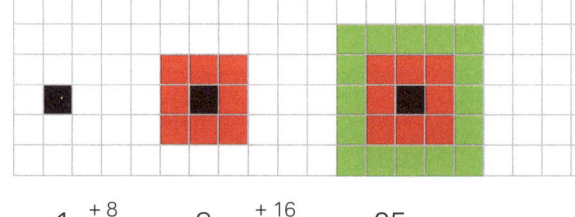

$1 \xrightarrow{+3} 4 \xrightarrow{+5} 9 \longrightarrow$ $1 \xrightarrow{+8} 9 \xrightarrow{+16} 25 \longrightarrow$

1

$$2 + 3 \cdot 6$$

Probiert: Rechnet erst „plus", dann „mal".
  Rechnet erst „mal", dann „plus".
Was stellt ihr fest?

 Wortspeicher

Vereinbarung:
Punktrechnung · : geht
vor **Strichrechnung** + −

2

$6 \cdot 2 = 12$

a) $3 + 6 \cdot 2$
  $4 + 3 \cdot 3$
  $2 + 5 \cdot 4$
  $6 + 3 \cdot 4$

a) $3 + 6 \cdot 2 = 3 + 1\,2 =$

b) $4 \cdot 2 + 3$
  $5 \cdot 3 + 2$
  $3 \cdot 2 + 6$
  $6 \cdot 1 + 8$

c) $8 \cdot 3 - 2$
  $6 \cdot 3 - 1$
  $2 \cdot 5 - 10$
  $7 \cdot 2 - 9$

 d) $20 - 2 \cdot 2$
  $30 - 4 \cdot 1$
  $40 - 3 \cdot 4$
  $50 - 5 \cdot 5$

0 5 10 11 12 13 14 15 16 17 17 18 22 22 25 26 28

3

$16 : 2 = 8$

a) $20 + 16 : 2$
  $30 + 14 : 2$
  $25 + 12 : 3$
  $35 + 16 : 4$

b) $21 : 7 + 15$
  $16 : 4 + 28$
  $10 : 5 + 70$
  $18 : 6 + 55$

c) $50 - 16 : 8$
  $40 - 18 : 9$
  $30 - 24 : 6$
  $20 - 35 : 7$

d) $36 : 4 - 8$
  $45 : 5 - 6$
  $5 : 5 - 0$
  $36 : 9 - 2$

e) $10 - 64 : 8$
  $20 - 99 : 11$
  $40 - 36 : 3$
  $50 - 48 : 4$

1 1 2 2 3 8 11 15 18 26 28 28 29 32 37 38 38 39 48 58 72

4 a) Welche Aufgabe passt? Frage, rechne und antworte.

A $3 + 7 + 2$

B $3 + 2 \cdot 7$

C $3 \cdot 7 + 2$

D $3 \cdot 7 \cdot 2$

b) Erfinde eine Rechengeschichte zu dieser Aufgabe.

$2 \cdot 5 + 3$

5 # Zahlen treffen

Würfele. Rechne mit den drei Zahlen.
Versuche immer eine Zahl zu treffen.

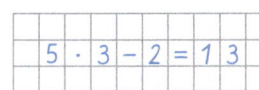
$5 \cdot 3 - 2 = 1\,3$

1 Aus verschiedenen Ergebnissen ergibt sich die Notwendigkeit einer Vereinbarung.
2 Das Zwischenergebnis kann weggelassen werden.
5 Addieren, subtrahieren, multiplizieren oder dividieren.

1 Welche Zahlen kannst du einsetzen?

□ · 6 < 40

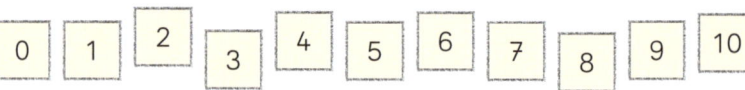

0   1   2   3   4   5   6   7   8   9   10

2 Finde jeweils fünf passende Malaufgaben.

a) ▨ · ▨ < 50   b) ▨ · ▨ < 40   c) ▨ · ▨ < 70   d) ▨ · ▨ < 20

3 Welches Zeichen passt? < = >

a) 3 · 8 ◯ 48
4 · 8 ◯ 48
5 · 8 ◯ 48
6 · 8 ◯ 48

b) 9 · 6 ◯ 30
7 · 6 ◯ 30
5 · 6 ◯ 30
3 · 6 ◯ 30

c) 5 · 7 ◯ 30
3 · 9 ◯ 27
4 · 6 ◯ 25
8 · 3 ◯ 30

d) 9 · 8 ◯ 7 · 10
8 · 6 ◯ 4 · 8
7 · 4 ◯ 3 · 10
5 · 9 ◯ 8 · 7

4 Welche Zahlen passen?

a) Das Ergebnis von 8 − ▨ ist größer als 4.

A 5
B 4
C 3
D 2

b) Das Ergebnis von 25 + ▨ ist kleiner als 30.

A 3
B 6
C 4
D 5

c) Das Ergebnis von 9 · ▨ ist kleiner als 80.

A 8
B 9
C 10
D 7

5 Welches Rechenzeichen passt? + − · :

a) 6 ◯ 6 = 12
6 ◯ 6 = 36
6 ◯ 6 = 1
6 ◯ 6 = 0

b) 8 ◯ 8 = 64
8 ◯ 8 = 16
8 ◯ 8 = 0
8 ◯ 8 = 1

c) 7 ◯ 7 = 49
7 ◯ 7 = 14
7 ◯ 7 = 0
7 ◯ 7 = 1

6 Knobeln

a) 18 ◯ 6 = 4 ◯ 6
48 ◯ 6 = 12 ◯ 4

b) 8 ◯ 4 = 29 ◯ 3
50 ◯ 1 = 7 ◯ 7

c) 64 ◯ 8 = 5 ◯ 3
100 ◯ 10 = 2 ◯ 5

d) ▨◯▨ = ▨◯▨
▨◯▨ = ▨◯▨

7 Knobeln Hier fehlen immer zwei Rechenzeichen.

a) 9 ◯ 9 ◯ 9 = 90
9 ◯ 9 ◯ 9 = 72

b) 7 ◯ 7 ◯ 7 = 42
7 ◯ 7 ◯ 7 = 8

c) 6 ◯ 6 ◯ 6 = 30
6 ◯ 6 ◯ 6 = 6

d) 8 ◯ 8 ◯ 8 = 8
8 ◯ 8 ◯ 8 = 24

1, 2 und 4 Meist mehrere Lösungen. 6 d) Offene Aufgaben.   AH 8
FO 8

Schätzen

 a) Sind es mehr als 100 oder weniger als 100 Menschen? Schätzt.

In einem Quadrat sind etwa …

In einer Reihe sind …

b) Wie viele Bücher sind es? Schätzt.

c) Wie viele Zuschauer haben in diesem Saal Platz? Schätzt.

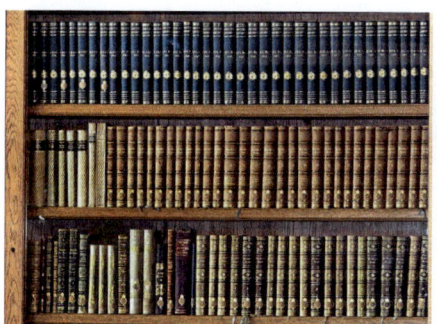

 Wie viele Erbsen sind es ungefähr? Schätzt.

a)   b)   c)

100   1 000

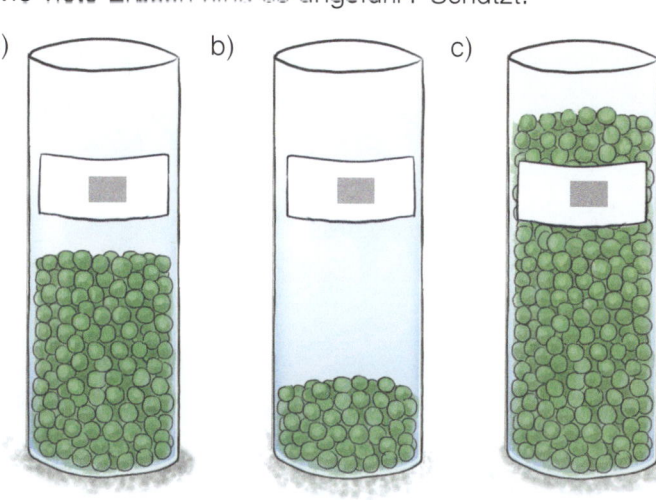

1 Ein Feld (eine Reihe, einen Regalboden) auszählen und auf das Ganze schließen.

Wortspeicher

1 Tausender = **10 H**underter = **100 Z**ehner = **1 000 E**iner

1 Legt.

a) 300 | 330 | 335

b) 200 | 250 | 264

c) 400 | 470 | 498

d) 1 000 | 1 010 | 1 101

Wortspeicher

die **Stellenwerttafel**

Tausender	Hunderter	Zehner	Einer	Zahl
	4	5	1	451

Die Zahl 451 ist **dreistellig**.
Sie besteht aus den **Ziffern** 4, 5 und 1.

2 Notiere jeweils in eine Stellenwerttafel. Wie heißt die Zahl?

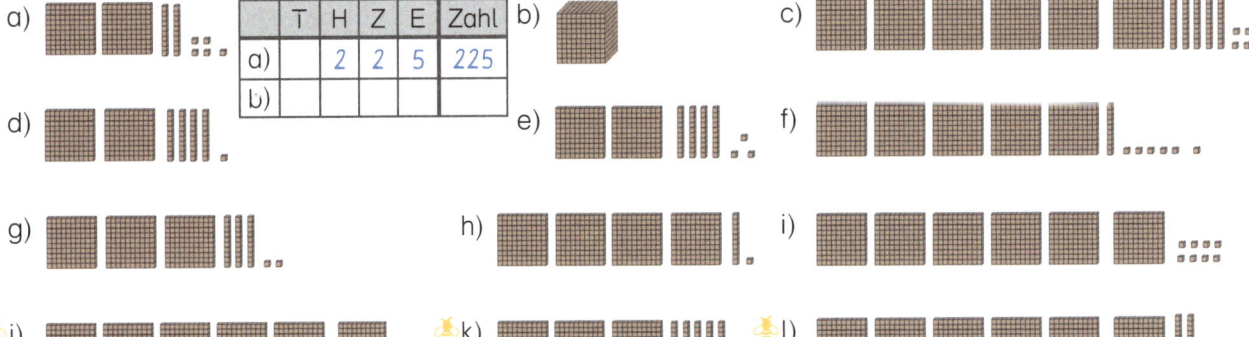

a)

T	H	Z	E	Zahl
a)	2	2	5	225
b)				

b) c)

d) e) f)

g) h) i)

j) k) l)

3 Legt und nennt dreistellige Zahlen. Wechselt euch ab.

Wie heißt die Zahl?

235

18

Wortspeicher nutzen. **2** Kopiervorlagen 1, 2 und 7 nutzen.
AH 9 FÖ 16
FO 9 FI8 9–15

4 Notiere jeweils in eine Stellenwerttafel. Wie heißt die Zahl?

a)    b)    c)

d)    e)

f)    g)

h)

5 Zeichne jeweils Hunderter, Zehner und Einer.

a) 261      b) 147   c) 372

d) 442   e) 103   f) 550   g) 208   h) 600

i)   🐝 j) 644   🐝 k) 111   🐝 l) 502   🐝 m) 279

6 Beschreibt und erklärt die Fehler. Wie heißen die Zahlen richtig?

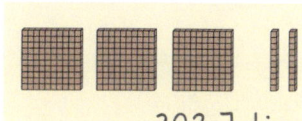
302 Julius

3 Hunderter 2 Zehner 0 Einer …

… dann heißt die Zahl nicht 302, sondern …

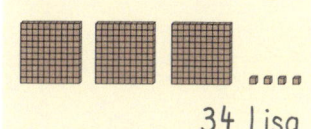
34 Lisa

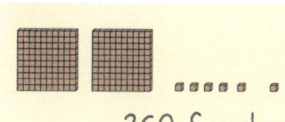
260 Sandro

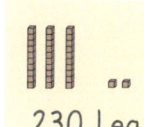
230 Lea

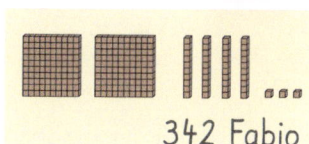
342 Fabio

7 Notiere jeweils in eine Stellenwerttafel. Wie heißt die Zahl?

a) 2 H 3 Z 4 E
   8 H 5 Z 1 E
   6 H 7 Z 0 E
   2 H 5 Z 7 E

	T	H	Z	E	Zahl
a)		2	3	4	234
		8	5	1	

b) 4 H 6 Z 9 E
   1 Z 6 H 5 E
   7 H 0 Z 2 E
   3 Z 5 H 0 E

c) 4 H 3 Z 2 E
   1 Z 7 E 5 H
   8 H 5 E
   1 T

d) 3 E 1 H
   9 H 8 Z
   7 Z 6 H
   3 E 8 Z

26 Z sind 2 H und 6 Z

🐬 **8** a) 1 H 26 Z 4 E
     3 H 2 Z 19 E
     7 H 11 Z 2 E

b) 4 H 48 Z 16 E
   2 H 12 Z 39 E
   3 H 22 Z 22 E

c) 13 Z 58 E
   8 Z 17 E
   1 T 6 E

d) 2 T 5 Z
   3 H 7 Z
   58 Z

1 Wie heißt die Zahl? Legt und notiert jeweils in eine Stellenwerttafel.  *Lies laut.*

a)  b)  c)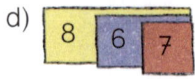

d) 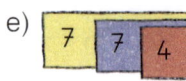 e)  f)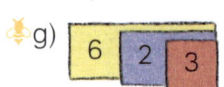

g)  h)  i)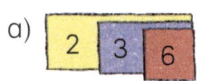

	T	H	Z	E	Zahl
a)		3	2	4	324

2 Welche Zahlenkarten wurden gelegt? Schreibe die Plusaufgabe.

a) 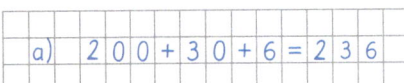 a) $200 + 30 + 6 = 236$

b) 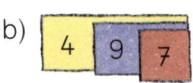 c)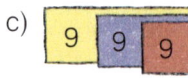

d)  e) 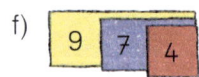 f)  g) h)

3 Lege dreistellige Zahlen mit diesen Zahlenkarten. Schreibe auf.

a) fünf verschiedene Zahlen

b) die kleinste Zahl

c) die größte Zahl

d) alle Zahlen, die größer als 700 sind

4 Lege Zahlenkarten. Notiere die Zahlen.

a) zweihundertacht
b) siebenhundertsieben
c) neunhundertzehn

d) fünfhundertzwanzig
e) achthundertsechs
f) fünfhundertdreizehn

g) einhundertdrei
h) vierhundertzwölf
i) neunhundertneunundneunzig

5 Nennt und schreibt Zahlen. Wechselt euch ab.

vierhundert-dreiundzwanzig

6
a)	b)	c)	d)	e)
$37 + 2$	$14 + 6$	$55 + 12$	$79 + 4$	$28 + 35$
$46 + 4$	$39 + 4$	$41 + 35$	$57 + 5$	$48 + 27$
$59 + 7$	$58 + 5$	$34 + 40$	$36 + 7$	$67 + 16$
$63 + 2$	$75 + 3$	$28 + 51$	$18 + 6$	$75 + 18$

20 1 bis 4 Kopiervorlagen 7 und 9 nutzen. Zahlenkarten auf farbiges Papier kopieren. AH 10 FÖ 18 FO 10

Zahlen aufbauen – Plättchen in der Stellenwerttafel

1 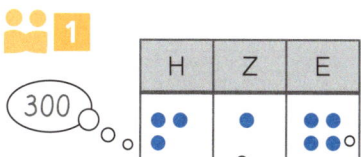 a) Wie heißt die Zahl?
b) Legt **ein Plättchen dazu**.
Welche Zahlen können entstehen?
Notiert.

2 Legt jeweils **zwei Plättchen dazu**. Welche Zahlen können entstehen?

a) 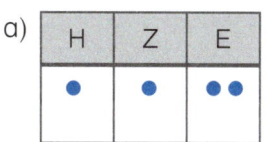 b) 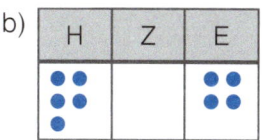 c) 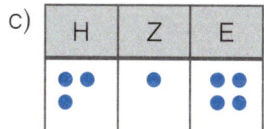 d)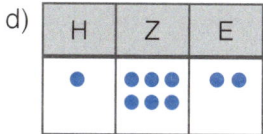

3 Nehmt jeweils **ein Plättchen weg**. Welche Zahlen können entstehen?

a) 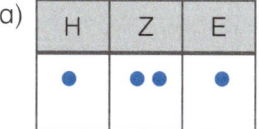 b) 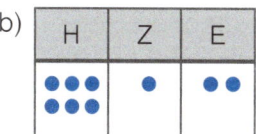 c) 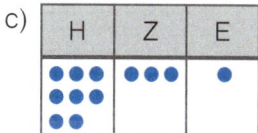 d)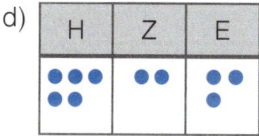

4  Legt vier Plättchen. Welche Zahlen können entstehen?

H	Z	E

5 Knobeln Welche Zahlen können es sein?

> Es sind doppelt so viele Einer wie Zehner.
> Es sind doppelt so viele Zehner wie Hunderter.

6 Die hohe Hausnummer

Wer erreicht mit drei Würfeln in einem Wurf die größere Zahl?

1. Ein Kind würfelt mit drei Würfeln und trägt die Ziffern so in die Stellenwerttafel ein, dass eine **möglichst hohe** Zahl entsteht.

2. Dann würfelt das andere Kind und trägt die Ziffern ein.

3. Nach jedem Spiel wird festgestellt, wer die höhere Zahl hat. Dieses Kind gewinnt.

Spiel: Die hohe Hausnummer
Name: Mia

1. Spiel	H	Z	E	gewonnen ja	nein
	2	1	8		X

Spiel: Die hohe Hausnummer
Name: Tom

1. Spiel	H	Z	E	gewonnen ja	nein
	8	5	3	X	

Ich habe das erste Spiel gewonnen.

7 Die niedrige Hausnummer

Wer erreicht mit drei Würfeln in einem Wurf die kleinere Zahl?
Tragt die Ziffern so ein, dass eine **möglichst niedrige** Zahl entsteht.

AH 11 FÖ 19   1 b) 3 Möglichkeiten. 2 Jeweils 6 Möglichkeiten. 3 Jeweils 3 Möglichkeiten.
FO 11   2 und 3 Diff.: Alle Möglichkeiten finden. 4 12 Möglichkeiten. 5 2 Möglichkeiten.
                   1 bis 5 Kopiervorlagen 5 und 6 nutzen. 6 und 7 Spiel durchführen. Kopiervorlagen 51 und 52 nutzen.

21

1 `Forschen` Paul hat die Kombination seines Zahlenschlosses vergessen.
Er weiß nur noch, dass die Ziffern 2, 4, 6 vorkommen.

a) Findet alle möglichen dreistelligen Zahlen.

b) Habt ihr alle Möglichkeiten gefunden?
Sortiert und begründet. Wie viele Möglichkeiten gibt es?

2 Sarah weiß noch, dass die Ziffern 3, 6, 9 vorkommen.
Finde alle möglichen dreistelligen Zahlen.
Wie viele Möglichkeiten gibt es?

3 An Tilos Zahlenschloss können an jeder der drei Stellen
die Ziffern 0 bis 9 vorkommen.

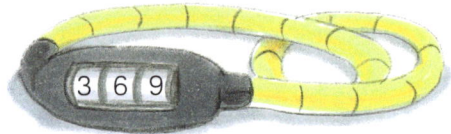

Ich weiß noch:
Die erste Ziffer ist die
3 und eine andere
Ziffer ist die 9.

Finde alle möglichen dreistelligen Zahlen.
Wie viele Möglichkeiten gibt es?

4

Freundlicher Fahrer gesucht!   IVZ

Die Eltern von Lisa Sommer möchten sich bei
dem Autofahrer bedanken, der Lisa am 12. Februar
geholfen hat, als sie mit dem Fahrrad gestürzt war.
Das Mädchen erinnert sich nur noch an das
Kennzeichen **K-ER** und dass die erste Ziffer die
2 war, eine andere die 1.

Finde alle dreistelligen Zahlen, die auf dem
Nummernschild gestanden haben könnten.
Wie viele Möglichkeiten gibt es?

5 `Forschen`

Johannes hat ein vierstelliges Zahlenschloss, bei
dem die Ziffern 1, 3, 5, 7 jeweils einmal vorkommen.
Finde alle möglichen vierstelligen Zahlen.
Wie viele Möglichkeiten gibt es?

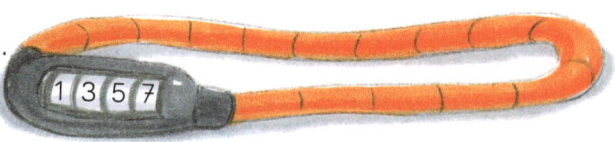

1 und 2 6 Möglichkeiten. 3 und 4 19 Möglichkeiten.   AH 12
5 24 Möglichkeiten.   FO 12 FI2 51–52

1 a) 4 · 5   b) 2 · 8   c) 7 · 3   d) 6 · 7   🐝 e) 6 · 9   🐝 f) 4 · 6
     8 · 5   9 · 8   6 · 3   7 · 7   9 · 9   5 · 6
     3 · 5   7 · 8   2 · 3   9 · 7   7 · 9   9 · 6
     9 · 5   8 · 8   9 · 3   3 · 7   3 · 9   7 · 6

2 a) 21 : 3   b) 60 : 6   c) 49 : 7   d) 81 : 9   🐝 e) 64 : 8   🐝 f) 40 : 4
     24 : 3   42 : 6   63 : 7   45 : 9   72 : 8   32 : 4
     18 : 3   54 : 6   56 : 7   54 : 9   32 : 8   28 : 4
      9 : 3   18 : 6   28 : 7   27 : 9   40 : 8   16 : 4

3 Dividieren mit und ohne Rest.

a) 10 : 5
   12 : 5   a) 10 : 5 = 2
   15 : 5
   18 : 5   12 : 5 = 2 R 2

b) 21 : 3   c) 12 : 4   d) 64 : 8
   22 : 3   14 : 4   65 : 8
   27 : 3   24 : 4   72 : 8
   29 : 3   25 : 4   74 : 8

4 a)

> Meine Zahl ist ungerade. Sie ist kleiner als 80 und größer als 50. Sie ist eine Neunerzahl.

b)

> Meine Zahl ist gerade. Sie ist größer als 72 und kleiner als 120. Sie ist eine Quadratzahl.

5

> **Punktrechnung · : geht vor Strichrechnung + – .**

a) 3 + 2 · 5
   7 + 1 · 3   a) 3 + 2 · 5 = 3 + 10 =
   6 + 3 · 2

b) 4 · 2 + 8   c) 2 · 6 – 12   d) 3 + 5 · 5   e) 20 – 3 · 2
   2 · 5 + 9   30 · 1 – 2   10 + 10 · 2   40 – 5 · 7
   3 · 3 + 10   2 · 5 – 3   10 + 7 · 4   10 – 2 · 4

◄ 0 2 5 7 10 12 13 14 16 19 19 22 28 28 30 38

6 a) 20 + 10 : 5
   30 + 12 : 6   a) 20 + 10 : 5 = 20 + 2 =
   25 + 12 : 4
   15 + 20 : 5

b) 20 : 2 + 7   c) 40 – 10 : 2
   28 : 4 + 2   30 – 12 : 6
   35 : 5 + 9   50 – 24 : 8
   10 : 2 + 7   25 – 35 : 5

◄ 9 12 16 17 18 19 22 23 28 28 32 35 47

7 Welche Aufgabe passt?
Frage, rechne und antworte.

a)

   A 2 + 3 + 4
   B 2 + 3 · 4
   C 2 · 3 + 4
   D 2 · 3 · 4

b)

   A 2 + 3 + 4
   B 2 + 3 · 4
   C 2 · 3 + 4
   D 2 · 3 · 4

5 und **6** Das Zwischenergebnis kann weggelassen werden.

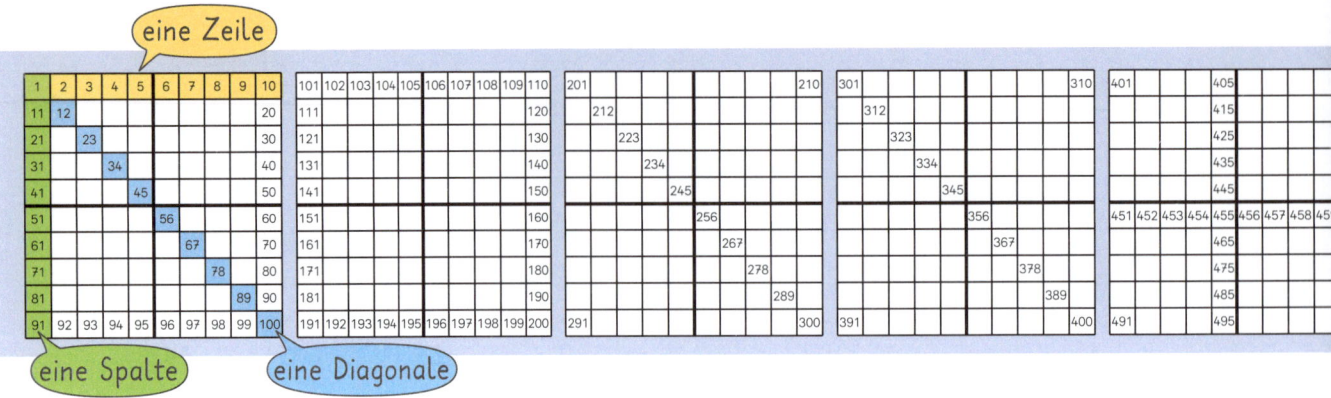

1 Lest die Zahlen und zeigt sie im Tausenderstreifen.

a) | 55 | 155 | 255 | 355 | 455 | 555 | 655 | 755 | 855 | 955 |

b) | 79 | 132 | 205 | 368 | 468 | 583 | 617 | 784 | 863 | 908 |

2 Kreise die Zahlen in einem Tausenderstreifen ein. Setze fort.

a) rot   100, 200, 300, ... 1000   b) grün   1, 101, 201, ... 901   c) gelb   50, 150, 250, ... 950

d) orange 99, 199, 299, ... 999 🐝 e) lila   62, 162, 262, ... 962 🐝 f) blau   25, 50, 75, ... 1000

🐬 g) grau   60, 120, 180, ... 660 🐬 h) rosa   90, 180, 270, ... 900 🐬 i) braun 99, 198, 297, ... 990

3 Notiert die Zahlen zu jedem Muster. Was fällt euch auf?

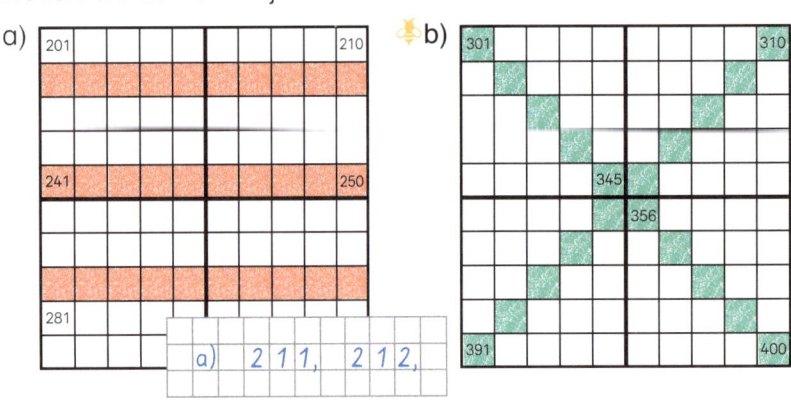

🐝 b)

c) Malt eigene Muster.
Gebt sie zum Aufschreiben
der Zahlen an ein
anderes Kind weiter.

a) 2 1 1,   2 1 2,

4 Kreist diese Zahlen in einem Tausenderstreifen ein.
Welche Muster entstehen? Beschreibt.

a) rot   23, 28, 33, 34, 38, 43, 45, 48, 53, 56, 58, 63, 67, 68, 73, 78

b) blau   117, 127, 137, 147, 157, 167

c) gelb   235, 236, 244, 253, 263, 274, 285, 286

d) grün   322, 325, 332, 334, 342, 343, 352, 353, 362, 364, 372, 375

5 a) 2 · 5   b) 3 · 6   c) 2 · 8   d) 3 · 7   e) 3 · 4   f) 2 · 9

    4 · 6   6 · 4   4 · 9   4 · 8   6 · 3   4 · 5

    8 · 3   9 · 7   8 · 2   5 · 5   5 · 9   8 · 7

    7 · 4   8 · 5   9 · 2   10 · 9   10 · 7   7 · 9

2 Kopiervorlagen 11 und 12 nutzen und eigenen Tausenderstreifen erstellen.   AH 13 FÖ 20
3 und **4** Evtl. Kopiervorlage 15 nutzen. **3** c) Offene Aufgabe.   FO 14

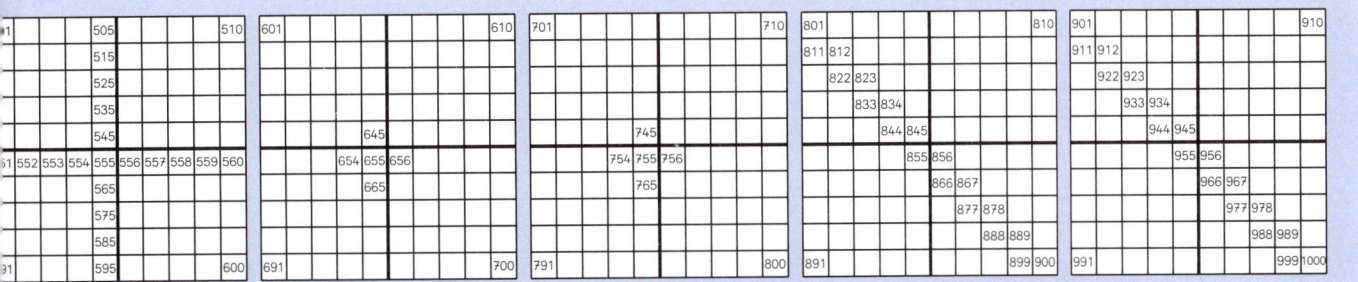

6 a) Wiederholt die vier Regeln.

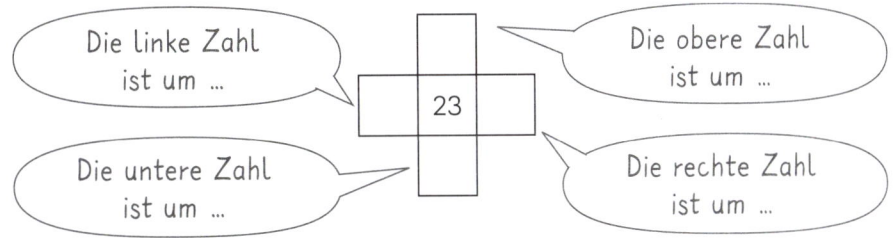

Die linke Zahl ist um …

Die obere Zahl ist um …

Die untere Zahl ist um …

Die rechte Zahl ist um …

23

b) Vergleicht in den verschiedenen Hundertern des Tausenderstreifens.
Was fällt euch auf? Begründet.

7 Notiere die fehlenden Zahlen im Heft. Orientiere dich an den vier Regeln.

a)
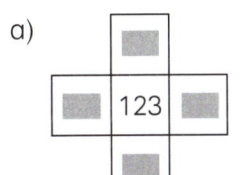
123

a)			1 1 3			
1 2 2		1 2 3		1 2 4		
			1 3 3			

b)
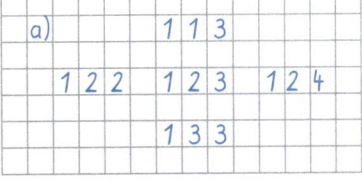
223

c)
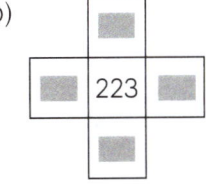
468

d)
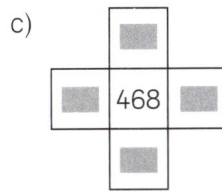
529

e)
852

f)
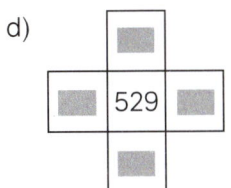
887

g)
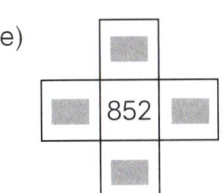
1000

8 Zähle **vorwärts**.

a) 506, 507, … 512

a)	5 0 6,	5 0 7,	5 0 8,

b) 625, 626, … 631

c) 738, 739, … 744

9 Zähle **rückwärts**.

a) 322, 321, … 316

b) 982, 981, … 976

c) 1000, 999, … 994

d) 504, 503, … 498

10 Zählt vorwärts und rückwärts. Wechselt euch ab.

Zähle vorwärts von 440 bis 455.

440, 441, 442, …

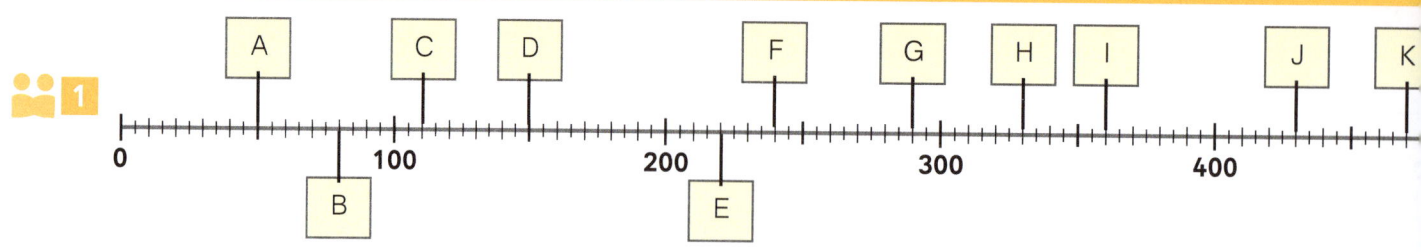

1 Jeder Buchstabe steht für eine Zahl.
Lest die Zahl laut und schreibt sie auf.

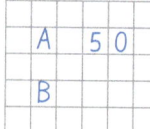

2 Lies die Zahl. Dein Partner zeigt sie am Zahlenstrahl.

a)

| 250 | 300 | 10 | 850 | 160 | 740 | 900 |

b)

| 125 | 325 | 710 | 450 | 340 | 655 | 595 |

c)

| null | zehn | zweihundert | siebenhundertfünfzig | zweihundertzehn |

3 Zähle vorwärts in Schritten.

a) 600, 610, 620, ..., 690
d) 250, 300, 350, ..., 700

b) 380, 385, 390, ..., 425
e) 594, 596, 598, ..., 612

c) 140, 160, 180, ..., 320
f) 488, 492, 496, ..., 524

4 Zähle rückwärts in Schritten.

a) 350, 340, 330, ..., 260
d) 1 000, 950, 900, ..., 550

b) 835, 830, 825, ..., 790
e) 710, 708, 706, ..., 692

c) 560, 540, 520, ..., 380
f) 216, 212, 208, ..., 180

5 Ordne die Zahlen nach der Größe. Beginne mit der kleinsten Zahl.

a)

| 930 | 390 | 630 | 360 |

b)

| 653 | 635 | 563 | 365 | 565 |

c)

| 840 | 480 | 120 | 210 |

d)

| 212 | 231 | 321 | 123 | 312 |

e)

| 695 | 965 | 565 | 599 |

f)

| 550 | 444 | 39 | 93 | 735 | 53 | 505 |

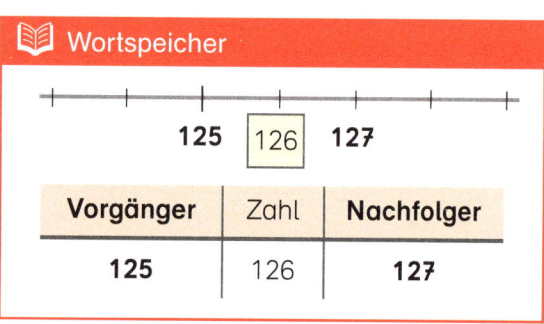

Wortspeicher

125 **126** 127

Vorgänger	Zahl	Nachfolger
125	126	**127**

6 Schreibe Vorgänger und Nachfolger.

a)

Vorgänger	Zahl	Nachfolger
	395	
	246	
	578	
	673	
	710	
	499	

b)

Vorgänger	Zahl	Nachfolger
	299	
	900	
	577	
	621	
	830	
	600	

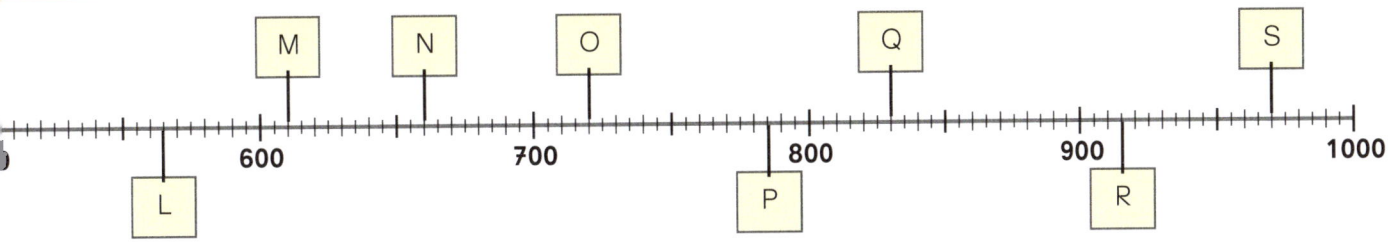

7 Zeigt die **Nachbarzehner** am Zahlenstrahl. Schreibt auf.

a) 726

Nachbar-zehner	Zahl	Nachbar-zehner
720	726	730

b) 722

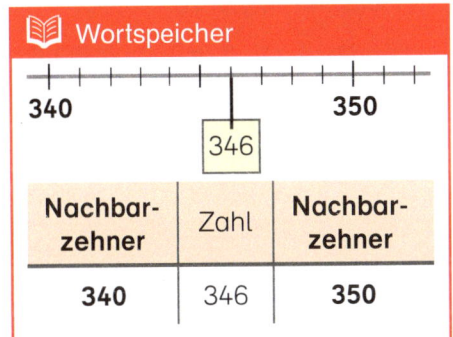
c) 704   d) 341   e) 348   f) 409

🐝g) 825   🐝h) 947   🐝i) 995   🐝j) 598   🐝k) 777   🐝l) 305

8 Zeigt die **Nachbarhunderter** am Zahlenstrahl. Schreibt auf.

a) 404

Nachbar-hunderter	Zahl	Nachbar-hunderter
400	404	500

b) 606

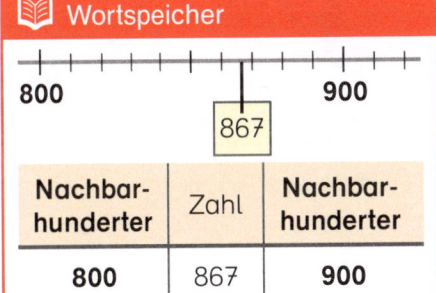
c) 117   d) 394   e) 592   f) 597

🐝g) 721   🐝h) 445   🐝i) 473   🐝j) 373   🐝k) 905   🐝l) 651

9 Welche Zahl steht in der Mitte?

a) 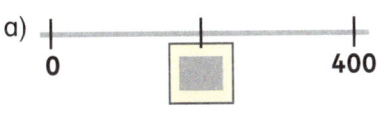 0 — 400

b)  0 — 500

c) 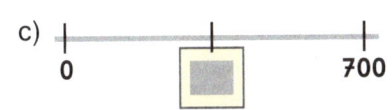 0 — 700

d) 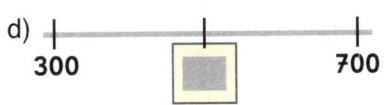 300 — 700

e) 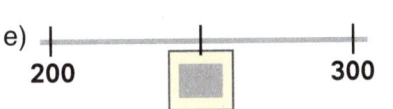 200 — 300

🐬 f) 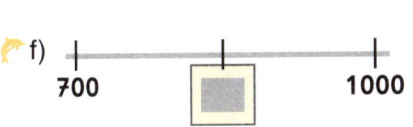 700 — 1000

AH 15 FÖ 24–25   Wortspeicher nutzen.
FO 15 FI8 26–43   **7** und **8** Kopiervorlage 26 nutzen.

27

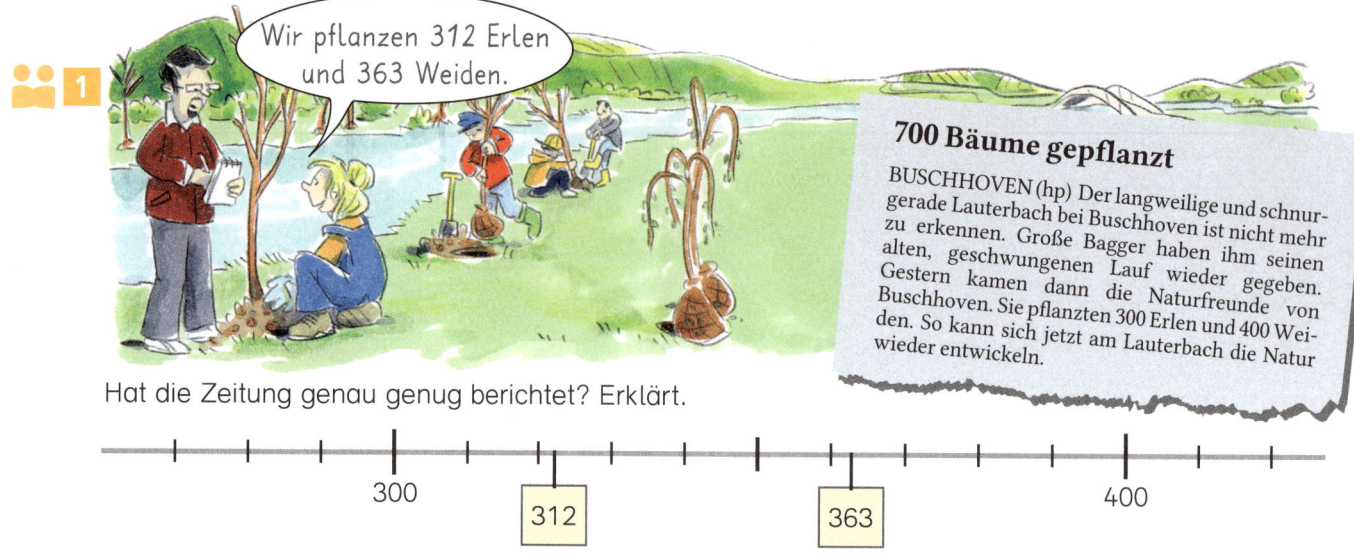

700 Bäume gepflanzt

BUSCHHOVEN (hp) Der langweilige und schnurgerade Lauterbach bei Buschhoven ist nicht mehr zu erkennen. Große Bagger haben ihm seinen alten, geschwungenen Lauf wieder gegeben. Gestern kamen dann die Naturfreunde von Buschhoven. Sie pflanzten 300 Erlen und 400 Weiden. So kann sich jetzt am Lauterbach die Natur wieder entwickeln.

Hat die Zeitung genau genug berichtet? Erklärt.

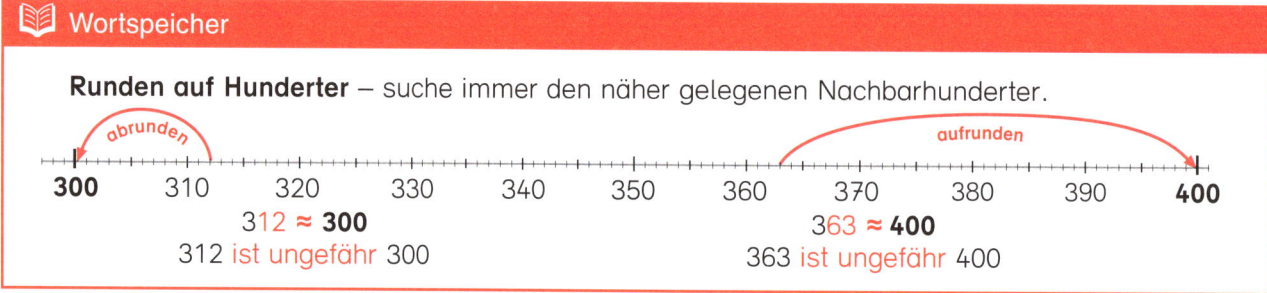

📖 **Wortspeicher**

Runden auf Hunderter – suche immer den näher gelegenen Nachbarhunderter.

312 ≈ 300
312 ist ungefähr 300

363 ≈ 400
363 ist ungefähr 400

2 Runde auf Hunderter.

a) 318	b) 674	c) 614	d) 973	🐝 e) 222	🐝 f) 815
460	339	559	741	666	495
230	181	919	111	888	190
570	743	884	267	999	677

a) 318 ≈ 300
460 ≈

📖 **Wortspeicher**

Runden auf Hunderter
Die Mathematiker haben festgelegt:
Ab 50 wird aufgerundet.

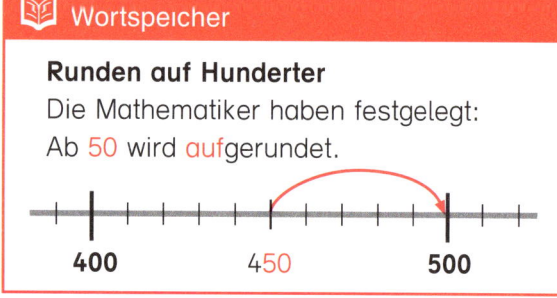

400   450   500

3 Runde auf Hunderter.

a) 350	b) 653	c) 555	🐝 d) 850
250	140	355	785
450	859	465	225
750	950	765	340
550	39	945	610

4 Wie viele Bäume sind es ungefähr? Runde auf Hunderter.

5 Nennt Zahlen. Rundet auf Hunderter.

482

ungefähr 500.

1 Sprechweise für das Runden einführen: ≈ bedeutet zirka, ungefähr, rund, etwa.

Wortspeicher nutzen.   AH 16 FÖ 26
FO 16

Runden

1

a) Auf welche Zahlen hat die Redaktion gerundet?   b) Weshalb genügen gerundete Zahlen?

📖 Wortspeicher

Runden auf Zehner – suche immer den näher gelegenen Nachbarzehner.

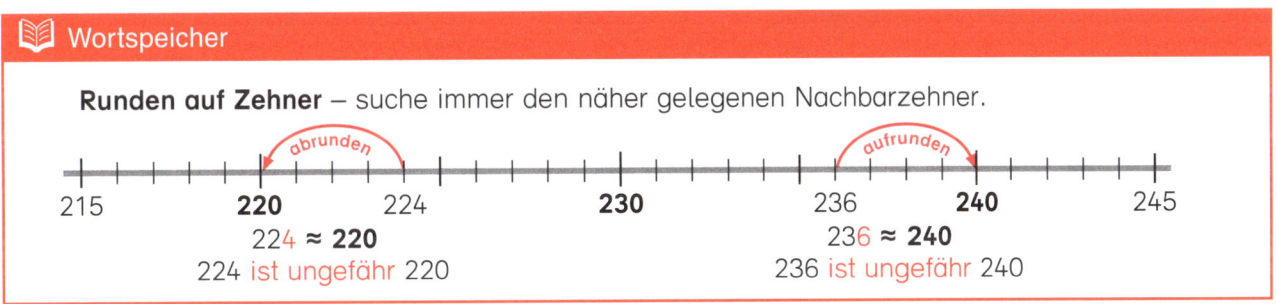

224 ≈ **220**
224 ist ungefähr 220

236 ≈ **240**
236 ist ungefähr 240

2 Runde auf Zehner.

a) 366		b) 216	c) 608	🐝 d) 342	🐝 e) 888	🐝 f) 123
364	a) 366 ≈ 370	214	613	426	333	604
368	364 ≈	209	619	489	444	501
363		207	618	593	222	889

📖 Wortspeicher

Runden auf Zehner
Die Mathematiker haben festgelegt:
Ab 5 wird aufgerundet.

360   36**5**   **370**

3 Runde auf Zehner.

a) 435	b) 746	c) 695	d) 12
325	898	967	496
643	765	234	832
215	577	845	603
324	445	576	567

4 Das Osnabrücker Blatt möchte wissen, wie viele Kinder ungefähr in den Schulen sind.
Runde auf Zehner.

Nordschule	Kästnerschule	Südschule	Domschule	Pestalozzischule
227 Kinder	211 Kinder	313 Kinder	179 Kinder	456 Kinder

Deine Schule	Grundschule Mitte
___ Kinder	233 Kinder

Die Nordschule hat rund ____ Kinder.

5 Nennt Zahlen.
Rundet auf Zehner.

 245
 250

AH 16   FÖ 27   Wortspeicher nutzen.
FO 16

29

1 Die Kinder der Turmschule wurden gefragt, wie sie heute zur Schule gekommen sind.

Verkehrs- mittel	Kinder	ungefähr ≈
zu Fuß	133	130
Bus oder Bahn	32	30
Fahrrad	58	60
Auto	75	80

👤 10 Kinder

zu Fuß	👤👤👤👤👤 👤👤👤👤👤 👤👤👤
Bus oder Bahn	👤👤👤
Fahrrad	👤👤👤👤👤 👤
Auto	👤👤👤👤👤 👤👤👤

a) Was bedeutet 👤 ?

b) Wie viele Kinder kamen ungefähr zu Fuß zur Schule?

c) Wie kamen ungefähr 80 Kinder zur Schule?

d) Wie viele Kinder kamen ungefähr mit dem Fahrrad zur Schule?

e) Wie viele Kinder wurden ungefähr befragt?

f) Findet weitere Fragen und beantwortet sie.

📖 **Wortspeicher**

das **Schaubild**

👤 10 Kinder

zu Fuß	👤👤👤
Auto	👤👤👤👤

2 Die Regenbogenschule hat ebenfalls ihre Kinder befragt, wie sie heute zur Schule gekommen sind.

a) Runde die Anzahlen der Kinder auf Zehner.

b) Zeichne ein **Schaubild.**

zu Fuß: 85 Kinder

Bus oder Bahn: 17 Kinder

Fahrrad: 41 Kinder

Auto: 63 Kinder

b) 👤 10 Kinder

zu Fuß 👤

Bus oder Bahn

3 Die Klasse 3b hat an ihrer Schule alle Kinder befragt, wie sie heute zur Schule gekommen sind.

Die Kinder haben die Daten unterschiedlich dargestellt. Welche Darstellungen passen **nicht** zur Tabelle? Begründet.

Verkehrsmittel	Kinder	ungefähr ≈
zu Fuß	72	70
Bus oder Bahn	40	40
Fahrrad	35	40
Auto	52	50

👤 5 Kinder

zu Fuß	👤👤👤👤👤 👤👤
Bus oder Bahn	👤👤👤👤
Fahrrad	👤👤👤👤
Auto	👤👤👤👤👤

Max

👤 10 Kinder

zu Fuß	👤👤👤👤👤 👤👤
Bus oder Bahn	👤👤👤👤
Fahrrad	👤👤👤👤
Auto	👤👤👤👤👤

Emilia

👤 10 Kinder

zu Fuß	👤👤👤👤👤 👤👤
Bus oder Bahn	👤👤👤👤
Fahrrad	👤👤👤👤
Auto	👤👤👤👤👤 👤

Anna

4 a) Wie seid ihr heute zur Schule gekommen? Führt eine Umfrage an eurer Schule durch.

b) Zeichnet zu eurer Umfrage ein Schaubild.

30

Balkendiagramme

1

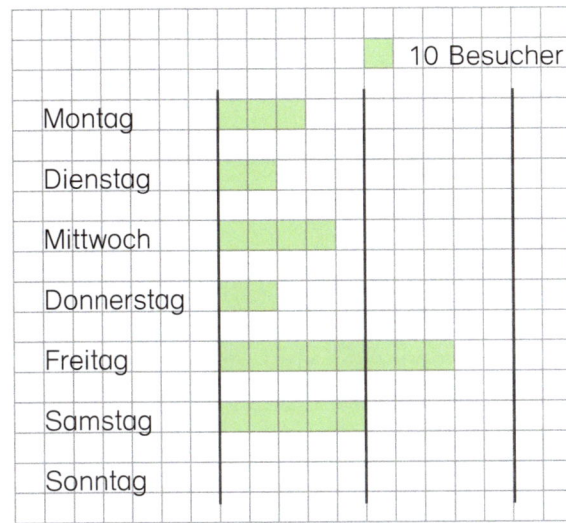

Das sind die gerundeten Besucherzahlen der Bücherei Heepen.

a) Lest die gerundeten Zahlen ab und notiert.

b) An welchem Tag waren keine Besucher da? Begründet.

c) An welchem Tag waren doppelt so viele Besucher da wie am Mittwoch?

d) An welchem Tag waren es zehn Besucher mehr als am Mittwoch?

e) Wie viele Besucher waren es insgesamt in der Woche?

2 Besucherzahlen der Bücherei Südstadt.

Monat	Jan	Feb	März	Apr	Mai	Juni	Juli	Aug	Sep	Okt	Nov	Dez
Besucher	120	110	100	90	70	60	80	0	50	90	110	120

a) Beschreibt. Findet ihr eine Erklärung für die unterschiedlichen Besucherzahlen?

b) Am Ende des Jahres werden die Zahlen in einem **Balkendiagramm** dargestellt. Zeichnet das Balkendiagramm in euer Heft.

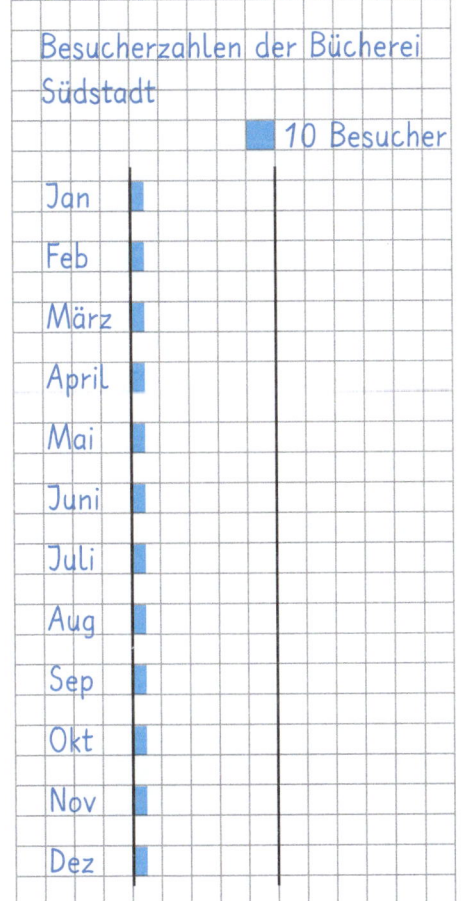

3

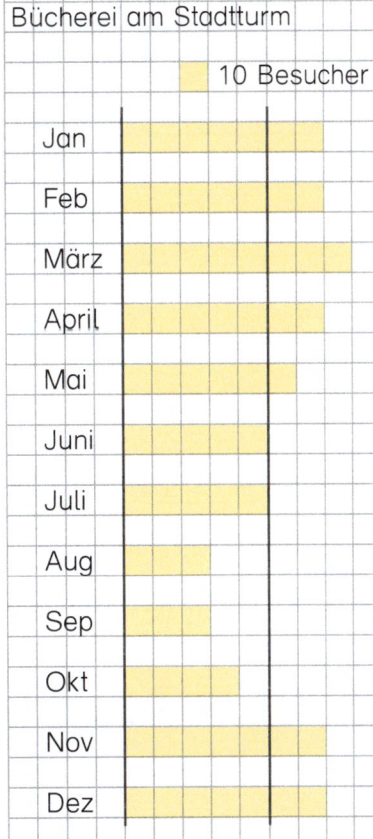

Lege zu diesem Balkendiagramm eine Tabelle im Heft an.

Monat	Besucher
Jan	70
Feb	
März	
April	
Mai	
Juni	
Juli	
Aug	
Sep	
Okt	
Nov	
Dez	

AH 17 FÖ 28
FO 17 FI5 22,25

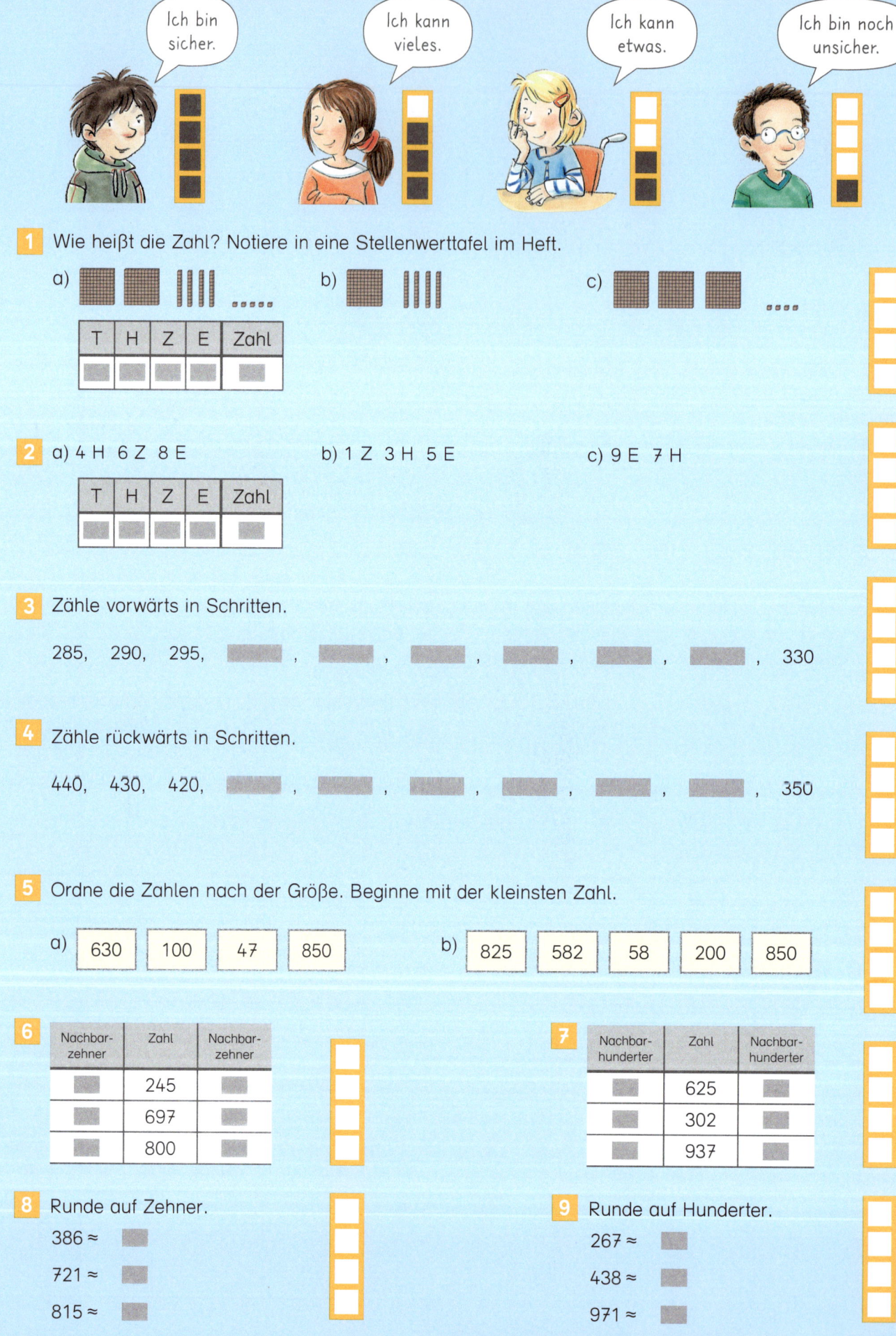

Ich bin sicher.

Ich kann vieles.

Ich kann etwas.

Ich bin noch unsicher.

1 Wie heißt die Zahl? Notiere in eine Stellenwerttafel im Heft.

a)

b)

c)

T	H	Z	E	Zahl

2 a) 4 H 6 Z 8 E   b) 1 Z 3 H 5 E   c) 9 E 7 H

T	H	Z	E	Zahl

3 Zähle vorwärts in Schritten.

285, 290, 295, ____ , ____ , ____ , ____ , ____ , ____ , 330

4 Zähle rückwärts in Schritten.

440, 430, 420, ____ , ____ , ____ , ____ , ____ , ____ , 350

5 Ordne die Zahlen nach der Größe. Beginne mit der kleinsten Zahl.

a) 630 100 47 850   b) 825 582 58 200 850

6

Nachbar-zehner	Zahl	Nachbar-zehner
	245	
	697	
	800	

7

Nachbar-hunderter	Zahl	Nachbar-hunderter
	625	
	302	
	937	

8 Runde auf Zehner.

386 ≈ ____

721 ≈ ____

815 ≈ ____

9 Runde auf Hunderter.

267 ≈ ____

438 ≈ ____

971 ≈ ____

Zuerst Aufgaben lösen, dann selbst einschätzen.
Auf der Basis der Selbsteinschätzung gemeinsam mit dem Kind individuelle Lernziele formulieren.
Kopiervorlage nutzen (KV im Lehrermaterial) oder Aufgaben ins Heft schreiben.

Geld

1 Welche Preise könnten passen?

A

B

C

D

5 €   200 €   1 €   400 €   40 €

2 Findet heraus, wie viel die Gegenstände ungefähr kosten.
   a) eine Schultasche   b) eine CD   c) ein Buch
   d) ein Computer   e) eine Tischtennisplatte   f) ein Skateboard

3 Findet Gegenstände, die ungefähr so viel kosten.
   a) 1 € bis etwa 20 €   b) 20 € bis etwa 50 €   c) 50 € bis etwa 100 €
   d) 100 € bis etwa 200 €   e) 200 € bis etwa 500 €   f) ▓ € bis etwa ▓ €

4 Wie viel Geld ist es insgesamt?

Andere Euroscheine gibt es nicht.

5 Wie viel Geld ist es jeweils?
   a)   b)   c)   d)
   e)   f)   g)   h)

6 Lege Scheine und Münzen. Zeichne.
   a) 410 € | a) | 2 | 0 | 0 | b) 510 €   c) 560 €   d) 1 000 €
   e) 492 €   f)   g) 366 €   h) 714 €   i) 1 024 €

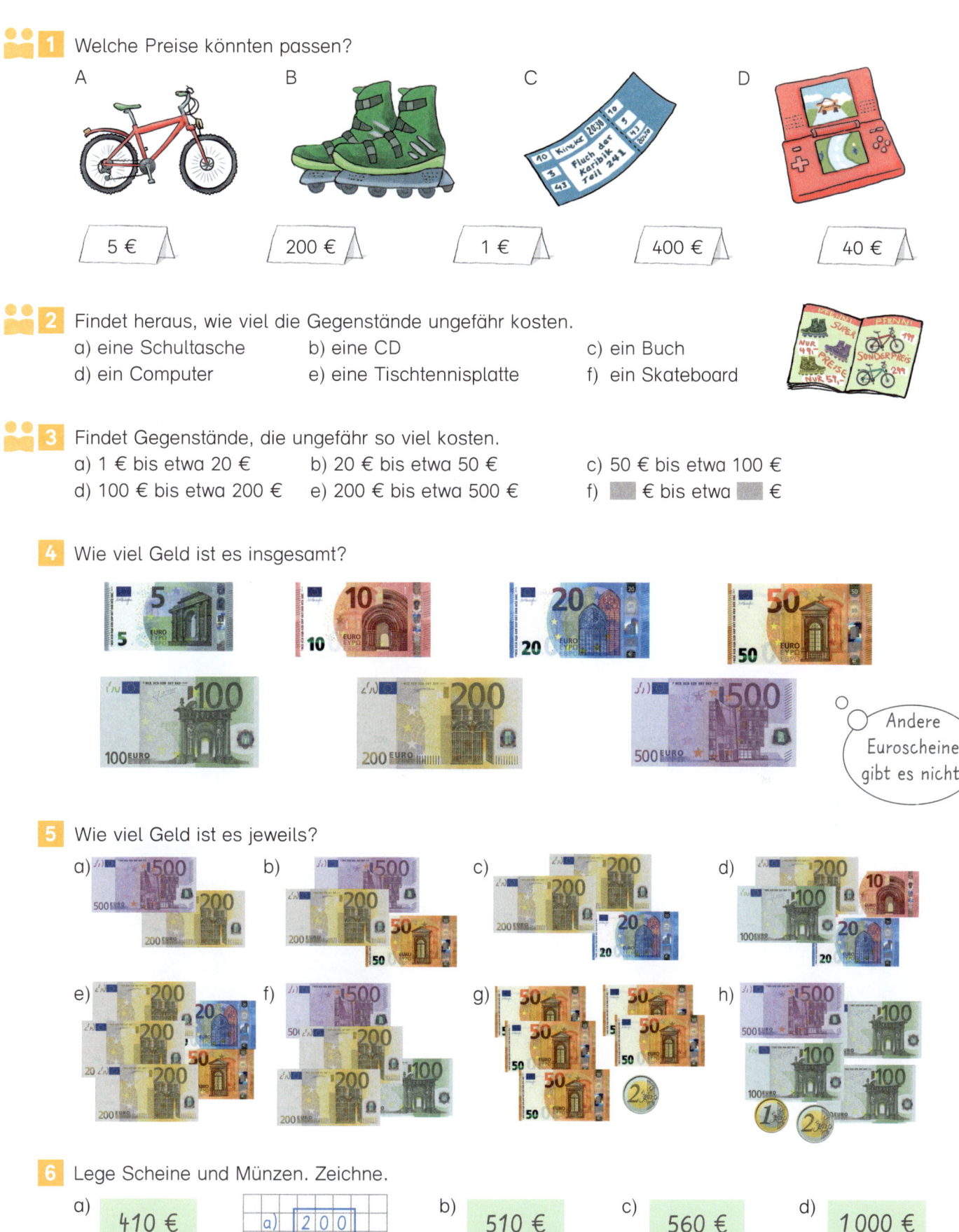

AH 18 FÖ 29   1 Ein überzähliges Kärtchen. 2 und 3 Prospekte, Kataloge oder Internet nutzen. In Geschäften forschen.
FO 18 FI 10 1,2,5   3 f) Offene Aufgabe. 6 Mehrere Möglichkeiten. 6 f) Offene Aufgabe.

33

1

Ich habe 220 €. Es sind nur Scheine.

a) Wie viele Scheine können es sein?
   Findet verschiedene Möglichkeiten.

b) Wie viele Scheine sind es mindestens?

c) Wie viele Scheine sind es höchstens?

2 Lege und zeichne Scheine. Finde verschiedene Möglichkeiten.

a) 100 €   b) 300 €   c) 250 €   d) 600 €   e) 280 €

3 Lege möglichst wenig Scheine und Münzen. Zeichne.

a) 175 €   b) 463 €   c) 527 €   d) 707 €   e) 136 €

f) 399 €   g) 900 €   h) 666 €   i) 328 €   j) 998 €

4 Könnt ihr diesen Geldbetrag so legen?

500 €

a) mit einem Schein   b) mit zwei Scheinen   c) mit drei Scheinen
d) mit vier Scheinen   e) mit fünf Scheinen   f) mit sechs Scheinen

5 Könnt ihr diese Geldbeträge so legen?

a) 900 €   mit 3 Scheinen,   b) 800 €   mit 4 Scheinen,   c) 280 €   mit 3 Scheinen,
           mit 2 Scheinen   mit 3 Scheinen   mit 4 Scheinen

d) 600 €   mit 3 Scheinen,   e) 105 €   mit 3 Scheinen,   f) 550 €   mit 3 Scheinen,
           mit 4 Scheinen   mit 4 Scheinen   mit 4 Scheinen

6 die Rechenkonferenz

Sinan nimmt mit geschlossenen Augen drei Münzen aus der Geldbörse und berechnet den Geldbetrag.

a) Welcher Betrag ist möglich?

A 50 ct   D 40 ct
B 70 ct   E 20 ct
C   1 €   F 90 ct

b) Es ist möglich, aber nicht sicher, dass die drei gezogenen Münzen 60 ct ergeben. Begründe.

? 7 Kann das stimmen?

a) Ich kann mit zwei Geldscheinen 110 € legen.   b) Ich kann mit zwei Münzen 50 ct legen.

c) Ich habe vier Münzen. Der Gesamtwert ist geringer als 10 ct.
d) Ich kann 1 000 € mit einem Geldschein legen.
e) Ich habe fünf Geldscheine. Der Gesamtwert liegt zwischen 500 € und 1 000 €.

34

7 c) und e) Mehrere Lösungen.   AH 18 FÖ 29
   FO 18 FI 10 3–4

ein Softball	eine Balancierscheibe	ein Springseil	ein Jojo
7 €	35 €	6 €	4 €

ein Gummitwist	ein Tischtennisschläger	ein Moonhopper
5 €	9 €	15 €

ein Paar Stelzendosen 8 €

1 Mehrere Klassen der Waldschule
möchten neue Softbälle kaufen.
Legt eine **Preistabelle** an.
Erklärt, wie ihr die Preise herausfindet.

Softbälle	Preis
1	7 €
2	14 €
3	21 €
4	▨
6	▨
10	▨
9	▨

der vierfache Preis von einem Softball: 4 · 7 €

der doppelte Preis von zwei Softbällen

2 Lege jeweils eine Preistabelle an.

a)
Springseile	Preis
1	6 €
2	▨
4	▨
5	30 €
10	▨

10 · 6 €
30 € + 30 €

b)
Gummitwiste	Preis
1	▨
2	▨
4	▨
5	▨
10	▨

c)
Jojos	Preis
1	▨
2	▨
5	▨
10	▨
20	▨

d) Die Waldschule hat 200 €. Was könnte sie kaufen? Nutze die Preistabellen.

3 Zu welchen Pausenspielen passen diese Preistabellen? Rechne.

a)
▨	Preis
1	▨
2	16 €
4	32 €
8	▨

b)
▨	Preis
1	▨
2	18 €
5	▨
10	▨

c)
▨	Preis
1	▨
2	30 €
4	▨
6	▨

d)
▨	Preis
1	▨
2	70 €
9	▨
10	▨

4 Sucht weitere Spielgeräte und deren Preise in Katalogen, Geschäften oder im Internet.
Legt jeweils eine Preistabelle an.

5

ein Frisbee	4 €
zehn Frisbees	36 €
zwanzig Frisbees	70 €

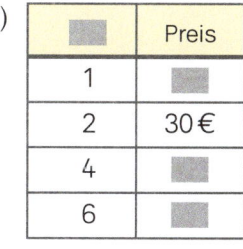

Berechnet den jeweils günstigsten Preis.

a) Die Martinschule kauft 11 Frisbees.
b) Die Sudbrackschule kauft 22 Frisbees.
c) Die Turmschule kauft 30 Frisbees.
d) Die Südschule kauft 50 Frisbees.

1 bis **4** Begriff „Preistabelle" klären. Feststellen: Der Preis wächst im gleichen Verhältnis wie die Menge
(proportional), falls es keinen Mengenrabatt gibt. Strategien besprechen. Kopiervorlage 182 nutzen.
4 Offene Aufgabe.

1 Die Kinder wollen für ein Klassenfrühstück Brötchen kaufen.

a) Welches Angebot ist günstiger? Begründet.

b) Wie haben die Bäckereien die Preise aufgeschrieben? Vergleicht.

BÄCKEREI Lange — 20 Stück 4,50 €

BACK STERN — 10 Stück 2 € 50 ct

> 📖 **Wortspeicher**
>
> Das Komma trennt **Euro** und **Cent**.
>
> **2,50 €** = **2 € 50 ct** = **250 ct**
>
> zwei Euro fünfzig | zwei Euro und fünfzig Cent | zweihundertfünfzig Cent

> 📖 **Wortspeicher**
>
> 100 ct = 1,00 €
> 10 ct = 0,10 €
> 1 ct = 0,01 €

2 Schreibe alle Beträge mit Komma.

a)

Euro			Cent	
100	10	1	50	1
		3	2	1
			5	
		5	6	
			7	5
		4		7
	2	1	2	3
2	5	1		

a)	3,	2	1	€
	0,	0	5	€

b)

Euro			Cent	
100	10	1	50	1
				6
		4	3	
7		5	9	8
		1	7	5
3	5	2	9	5
		7	1	
5			6	6

3 Lege jeden Geldbetrag und trage in eine Tabelle ein.

a) 2 € 60 ct b) 10 € 5 ct c) 5 € 50 ct d) 7 € 10 ct e) 11 € 95 ct

4 Schreibe den Geldbetrag mit Komma.

a) 3 € 40 ct
3 € 5 ct
3 € 45 ct

a)	3,	4	0	€

b) 12 € 30 ct
12 € 1 ct
80 € 27 ct

c) 20 € 4 ct
20 € 10 ct
2 € 14 ct

d) 87 €
7 €
807 €

e) 77 ct
7 ct
70 ct

5 Wie viel € und ct sind es?

a) 4,72 €
4,70 €
4,02 €

a)	4	€	7	2	ct

b) 63,75 €
63,05 €
67,00 €

c) 202,01 €
22,10 €
2,02 €

d) 15,00 €
105,00 €
50,00 €

e) 840 ct
804 ct
1000 ct

6 Ordne nach dem Wert. Beginne mit dem kleinsten Betrag.

a) 5 € 5 ct | 55 ct | 5,50 € | 55 €

b) 8,40 € | 0,84 € | 84 € | 8 € 14 ct

c) 99 ct | 9 € 9 ct | 720 ct | 7 € 19 ct | 0,98 €

Wortspeicher nutzen. Sprechweisen thematisieren. **1** a) Preisvergleich besprechen.
3 Kopiervorlagen 170 und 171 nutzen.

AH 20 FÖ 31
FO 20 FI 10 7–9

1 Bauanleitung Faltschachtel

① Falte ein Quadrat in vier Dreiecke.

② Falte alle vier Ecken zum Mittelpunkt.

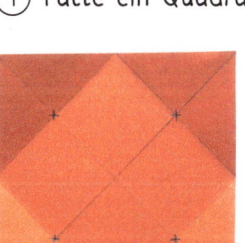

③ Falte auf. Markiere die angegebenen Schnittpunkte.

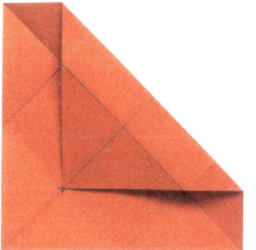

④ Falte jede Ecke auf die gegenüberliegende Markierung. Öffne wieder.

⑤ Falte jede Ecke auf die nächstliegende Markierung. Öffne wieder.

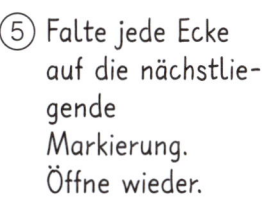

⑥ Übertrage die blauen Linien auf dein Faltblatt. Schneide auf diesen blauen Linien ein.

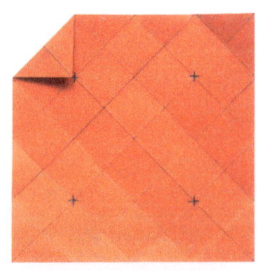

⑦ Falte die beiden nicht eingeschnittenen Ecken zweimal nach innen.

⑧ Knicke diese beiden Seitenwände nach oben.

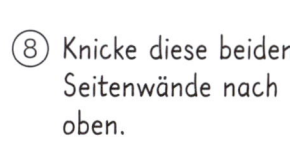 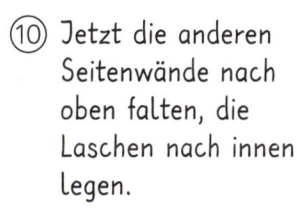 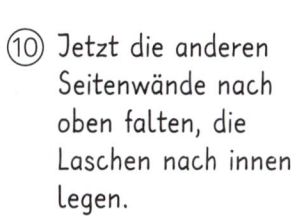 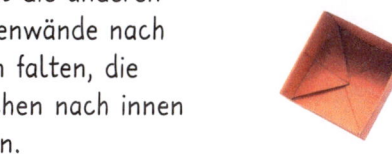

⑨ Falte die überstehenden Laschen nach innen.

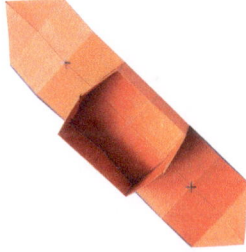 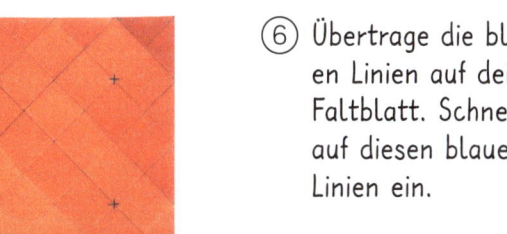

⑩ Jetzt die anderen Seitenwände nach oben falten, die Laschen nach innen legen.

2 Falte weitere Schachteln, auch mit Deckel. Was musst du beachten, damit der Deckel auf die Schachtel passt?

1 Lege und rechne.

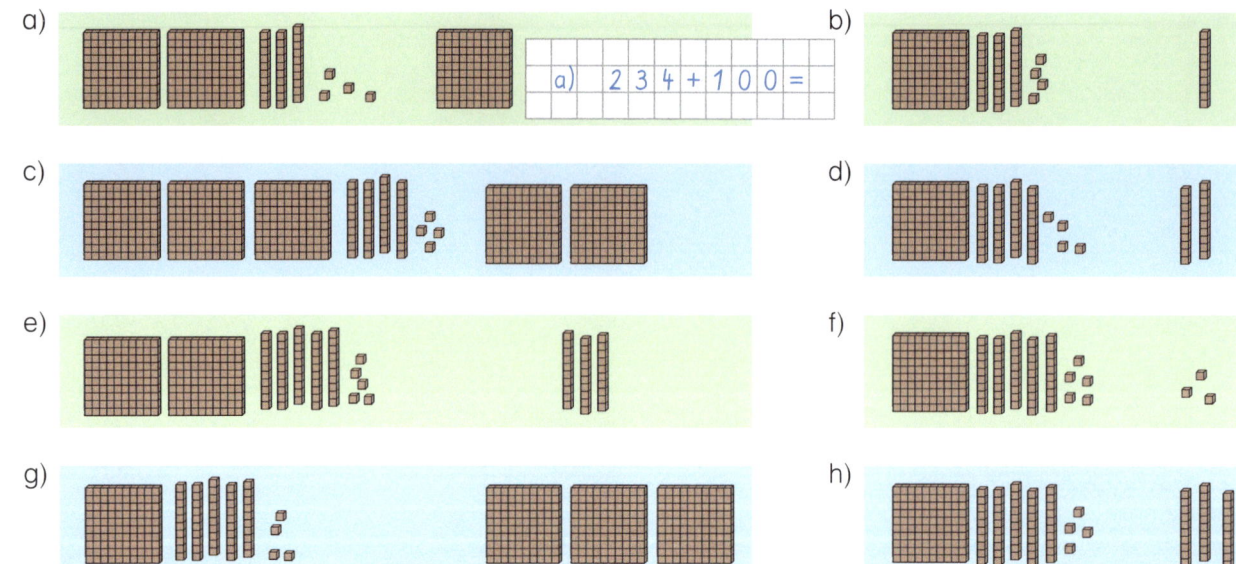

a)   2 3 4 + 1 0 0 =

2 Lege und rechne.

a) 132 + 200
   132 + 20
   132 + 2

a)   1 3 2 + 2 0 0 =

b) 257 + 300
   257 + 30
   257 + 3

c) 531 + 400
   531 + 40
   531 + 4

d) 265 + 200
   265 + 20
   265 + 2

e) 423 + 500
   423 + 50
   423 + 5

f) 348 + 200
   348 + 20
   348 + 2

g) 435 + 400
   435 + 40
   435 + 4

h) 113 + 700
   113 + 70
   113 + 7

i) 641 + 300
   641 + 30
   641 + 3

3 a) 235 + 4
       235 + 30
       235 + 34

b) 400 + 200
   30 + 50
   430 + 250

c) 345 + 400
   345 + 50
   345 + 450

d) 200 + 600
   80 + 50
   280 + 650

e) 216 + 300
   216 + 4
   216 + 304

f) 100 + 500
   80 + 40
   180 + 540

g) 156 + 80
   156 + 7
   156 + 87

h) 300 + 40
   70 + 5
   370 + 45

i) 177 + 200
   177 + 8
   177 + 208

j) 100 + 600
   86 + 70
   186 + 670

4 Schreibe die passende Rechnung auf.

a) Addiere die Zahlen 720 und 40.
   Welche Summe erhältst du?

b) Wie groß ist die Summe der
   Zahlen 460 und 20?

c) Welche Zahl musst du zu 250 addieren,
   um 300 als Summe zu erhalten?

d) Welche Zahl musst du zu 900 addieren,
   um 1000 als Summe zu erhalten?

e) Zu welcher Zahl musst du 150 addieren,
   um 180 als Summe zu erhalten?

f) Addiere zu 200 das Doppelte
   der Zahl 400. Wie groß ist die Summe?

g) Addiere zu 160 die Hälfte der Zahl 180. Welche Summe erhältst du?

Subtrahieren

1 Lege und rechne.

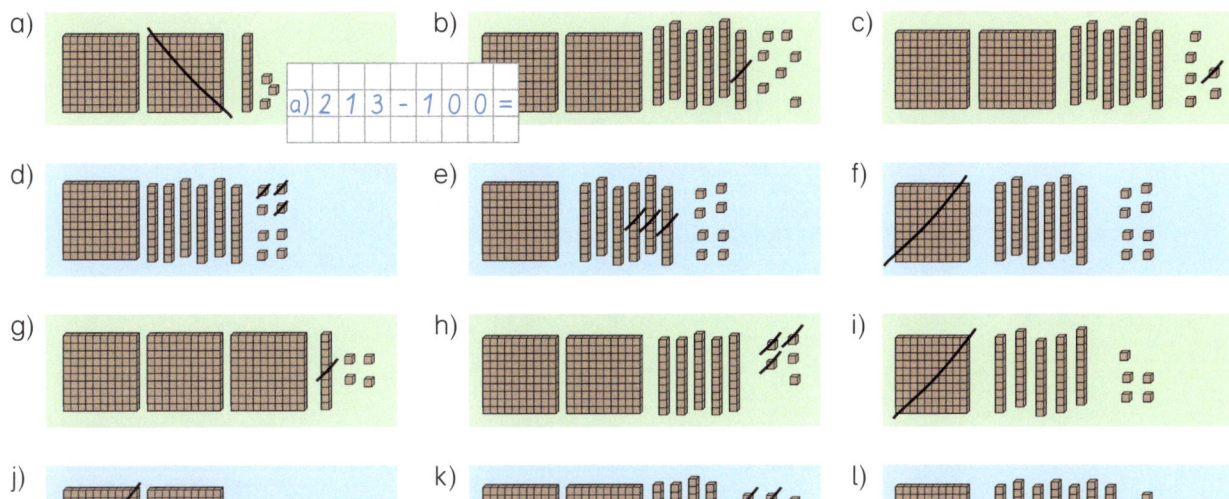

a) 2 1 3 - 1 0 0 =

2 Lege und rechne.

a) 334 – 200
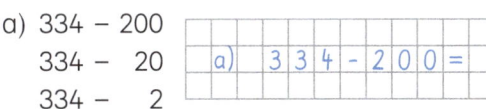
334 – 20
334 – 2

a) 3 3 4 - 2 0 0 =

b) 342 – 300
342 – 30
342 – 3

c) 468 – 200
468 – 20
468 – 2

d) 678 – 500
678 – 50
678 – 5

e) 486 – 300
486 – 30
486 – 3

f) 734 – 100
734 – 10
734 – 1

g) 847 – 400
847 – 40
847 – 4

h) 655 – 500
655 – 50
655 – 5

i) 987 – 700
987 – 70
987 – 7

3 a) 789 – 300
789 – 40
789 – 340

b) 600 – 200
80 – 40
680 – 240

c) 789 – 500
789 – 30
789 – 530

d) 700 – 300
81 – 40
781 – 340

e) 617 – 300
617 – 4
617 – 304

f) 971 – 500
971 – 3
971 – 513

g) 843 – 4
843 – 20
843 – 24

h) 300 – 90
80 – 5
380 – 95

i) 877 – 300
877 – 8
877 – 308

j) 300 – 100
150 – 70
450 – 170

4 Schreibe die passende Rechnung auf.

a) Subtrahiere die Zahl 40 von der Zahl 380. Welche Differenz erhältst du?

b) Subtrahiere die Zahl 300 von der Zahl 1 000. Welche Differenz erhältst du?

c) Welche Zahl musst du von 512 subtrahieren, um die Differenz 500 zu erhalten?

d) Welche Zahl musst du von 950 subtrahieren, um die Differenz 40 zu erhalten?

e) Von welcher Zahl musst du 30 subtrahieren, um die Differenz 600 zu erhalten?

f) Subtrahiere von der Zahl 70 die Hälfte der Zahl 40. Welche Differenz erhältst du?

g) Subtrahiere von 320 die Summe aus den Zahlen 50 und 90. Welche Differenz erhältst du?

AH 22 FÖ 34–35   **3** Diff.: Material legen.
FO 22 FI 9 13–19

39

1

487 + 326

Das sind 693.

Das kann nicht stimmen, denn ich überschlage 500 + 300 = 800

Wie kommt Sofie auf 500 und 300?

Welchen Überschlag kannst du gut im Kopf rechnen?

 die Rechenkonferenz

| Mein Überschlag: | Ü: 500 + 300 = ▮ Sofie | Ü: 490 + 330 = ▮ Dennis | Ü: 490 + 300 = ▮ Elif |

2 Prüfe durch Überschlagen: Welches Ergebnis könnte stimmen?

a) 242 + 47

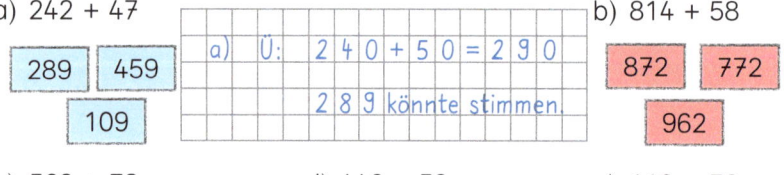

| 289 | 459 |
| 109 |

b) 814 + 58

| 872 | 772 |
| 962 |

> 📖 **Wortspeicher**
>
> der **Überschlag**
> Wie groß ist das Ergebnis ungefähr?
>   151 + 37 = 188
> Ü: 150 + 40 = 190

c) 568 + 79

| 547 | 797 |
| 647 |

d) 446 + 53

| 619 | 409 |
| 499 |

e) 113 + 78

| 191 | 278 |
| 313 |

3 Rechne nur einen Überschlag.

a) 348 + 124
   619 + 51
   742 + 38
   149 + 689
   275 + 463

 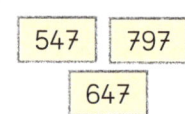 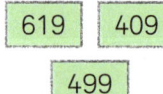 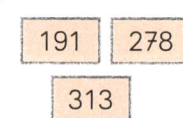

a) Ü: 350 + 120 = 470

b) 286 + 318
   113 + 58
   573 + 288
   483 + 187
   364 + 528

🐝c) 434 + 382
   446 + 253
   227 + 78
   836 + 95
   555 + 438

🐝d) 126 + 78
   568 + 379
   333 + 144
   742 + 189
   667 + 265

4 Prüfe durch Überschlagen: Welches Ergebnis könnte stimmen?

a) 517 – 231

| 386 | 416 |
| 286 |

b) 618 – 385

| 133 | 333 |
| 233 |

c) 749 – 234

| 615 | 515 |
| 415 |

d) 619 – 358

| 261 | 361 |
| 451 |

e) 945 – 384

| 401 | 641 |
| 561 |

f) 675 – 489

| 336 | 186 |
| 286 |

g) 926 – 318

| 608 | 758 |
| 508 |

h) 417 – 98

| 219 | 319 |
| 499 |

i) 748 – 245

| 503 | 403 |
| 603 |

j) 332 – 187

| 245 | 45 |
| 145 |

5 Rechne nur einen Überschlag.

a) 738 – 245
   329 – 171
   951 – 389
   362 – 142
   485 – 216

b) 387 – 298
   513 – 58
   973 – 288
   983 – 187
   824 – 431

c) 473 – 285
   643 – 157
   267 – 88
   826 – 75
   772 – 393

🐝d) 166 – 87
   548 – 379
   631 – 154
   942 – 189
   869 – 281

🐝e) 417 – 69
   538 – 113
   675 – 189
   498 – 204
   749 – 95

Unterschiedliche Überschläge möglich – auch außerhalb normierter Rundungsregeln.

Wortspeicher nutzen. AH 23 FÖ 36
FO 23

Schrank 268 €

Schreibtisch 188 €

Moskitonetz 28 €

Hochbett 489 €

Regal 115 €

Stuhl 79 €

Bett 345 €

1 Du hast 800 €. Was würdest du kaufen?
Überschlage, wofür das Geld reicht.

2 Ben möchte gern ein Hochbett und einen Stuhl. Seine Tante gibt ihm dafür 600 €.
Reicht das Geld?

a) Die Kinder haben schrittweise gerechnet und **Überschlagsrechnungen** aufgeschrieben.
Wer hat richtig überlegt?

Hochbett etwa 400 €	Hochbett etwa 600 €	Hochbett etwa 500 €
Stuhl etwa 80 €	Stuhl etwa 100 €	Stuhl etwa 80 €
600 € – 400 € = 200 €	600 € + 100 € = 700 €	500 € + 80 € = 580 €
200 € + 80 € = 280 €	Das Geld reicht nicht.	600 € – 580 € = 20 €
Das Geld reicht. Mira	Paul	Das Geld reicht. Alina

b) Erklärt, was die anderen Kinder falsch gemacht haben.

3 Lara wünscht sich einen neuen Schreibtisch. Oma gibt ihr 70 € dazu.
Sie hat bereits 95 €. Reicht das Geld?

a) Die Kinder haben Überschlagsrechnungen notiert. Wer hat richtig überlegt?

Schreibtisch etwa 200 €	Schreibtisch etwa 200 €	Schreibtisch etwa 200 €
Sparbuch etwa 100 €	Sparbuch etwa 100 €	Sparbuch etwa 100 €
100 € – 70 € = 30 €	100 € + 70 € = 170 €	100 € + 70 € = 170 €
200 € + 30 € = 230 €	Das Geld reicht nicht.	200 € + 170 € = 370 €
Das Geld reicht. Tim	Anne	Das Geld reicht. Lina

b) Erklärt, was die anderen Kinder falsch gemacht haben.

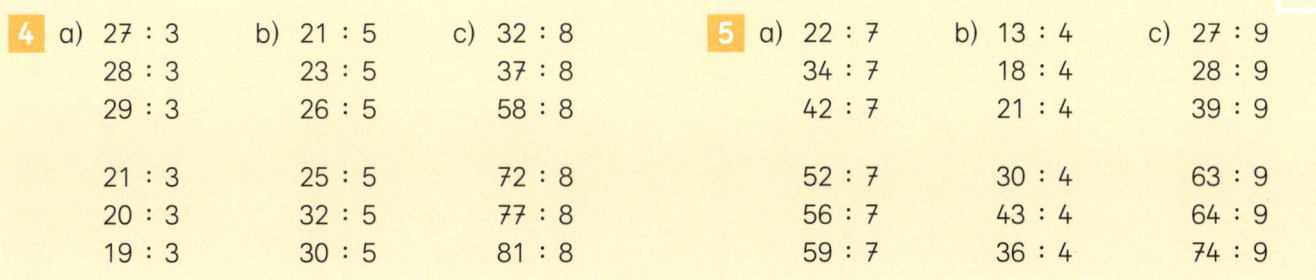

4	a) 27 : 3	b) 21 : 5	c) 32 : 8	**5**	a) 22 : 7	b) 13 : 4	c) 27 : 9
	28 : 3	23 : 5	37 : 8		34 : 7	18 : 4	28 : 9
	29 : 3	26 : 5	58 : 8		42 : 7	21 : 4	39 : 9
	21 : 3	25 : 5	72 : 8		52 : 7	30 : 4	63 : 9
	20 : 3	32 : 5	77 : 8		56 : 7	43 : 4	64 : 9
	19 : 3	30 : 5	81 : 8		59 : 7	36 : 4	74 : 9

AH 24   FÖ 36   1 Offene Aufgabe. Aktuelle Preise im Internet recherchieren.
FO 23

41

1 Wie rechnen die Kinder? Erklärt. Wie rechnest du?

$$355 + 38$$

die Rechen-konferenz

Mein Weg:

$350 + 30 = 380$
$\underline{5 + 8 = 13}$
$380 + 13 = \blacksquare$
Lea

$355 + 30 = 385$
$385 + 8 = \blacksquare$
Lukas

2 Rechne auf deinem Weg.

a) $263 + 58$ b) $627 + 85$ c) $472 + 180$ d) $745 + 109$ e) $478 + 63$

◄ 321 541 652 712 854 855

3
a) $146 + 62$
  $146 + 72$
  $146 + 73$

b) $157 + 26$
  $157 + 37$
  $157 + 39$

c) $237 + 104$
  $237 + 105$
  $337 + 105$

d) $258 + 260$
  $257 + 270$
  $457 + 250$

e) $525 + 157$
  $525 + 277$
  $535 + 367$

◄ 183 194 196 208 218 219 341 342 442 518 527 682 707 802 902 903

4
a) $245 + 16$
  $245 + 26$
  $245 + 36$

b) $145 + 73$
  $147 + 72$
  $149 + 70$

c) $537 + 106$
  $537 + 105$
  $437 + 204$

d) $457 + 260$
  $457 + 280$
  $457 + 270$

e) $635 + 167$
  $635 + 257$
  $735 + 177$

◄ 217 218 219 219 261 271 281 641 642 643 717 727 737 802 802 892 912

5 Beschreibt und erklärt die Fehler der Kinder. Rechnet richtig.

a)
$235 + 48 = 277$
$230 + 40 = 270$
$270 + 7 = 277$
Lia

b)
$347 + 39 = 388$
$347 + 40 = 387$
$387 + 1 = 388$
Mila

c)
$499 + 205 = 706$
$500 + 205 = 705$
$705 + 1 = 706$
Rico

d)
$564 + 260 = 764$
$560 + 200 = 760$
$760 + 4 = 764$
Lenny

6
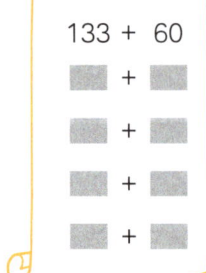

$133 + 60$

$\blacksquare + \blacksquare$
$\blacksquare + \blacksquare$
$\blacksquare + \blacksquare$
$\blacksquare + \blacksquare$

Finja beschreibt ihr Päckchen so:

„Die erste Zahl wird immer um 1 größer.
Die zweite Zahl wird immer um 10 kleiner.
Deshalb wird die Summe immer um …"

Setze Finjas Päckchen fort. Wie verändert sich die Summe?

7 Punktrechnung vor Strichrechnung.

a) $12 + 6 \cdot 3$
  $23 + 6 \cdot 4$
  $34 + 6 \cdot 7$
  $45 + 6 \cdot 6$

b) $7 \cdot 4 + 11$
  $7 \cdot 8 + 23$
  $7 \cdot 9 + 37$
  $7 \cdot 3 + 48$

c) $40 - 4 \cdot 4$
  $50 - 5 \cdot 5$
  $60 - 7 \cdot 7$
  $70 - 8 \cdot 8$

d) $8 \cdot 7 - 23$
  $7 \cdot 6 - 41$
  $6 \cdot 9 - 52$
  $9 \cdot 8 - 69$

e) $20 - 21 : 3$
  $30 - 18 : 3$
  $40 - 27 : 3$
  $50 - 24 : 3$

1	13	31	50
2	24	33	69
3	24	39	76
6	25	42	79
11	30	47	81
			100

1 Verschiedene Rechenwege beim Addieren vergleichen.   AH 25 FÖ 37–38
2 bis 4 Auf eigenen Wegen schrittweise addieren.   FO 24

1 Wie rechnen die Kinder? Erklärt. Wie rechnest du?

$438 - 87$

die Rechen- konferenz

Mein Weg:

$438 - 80 = 358$
$358 - 7 = \blacksquare$

Jan

$438 - 90 = 348$
$348 + 3 = \blacksquare$

Merle

2 Rechne auf deinem Weg.

a) $543 - 68$ b) $584 - 97$ c) $565 - 74$ ✦d) $936 - 307$ ✦e) $718 - 150$

475 487 490 491 568 629

3
a) $457 - 26$
$447 - 36$
$427 - 16$

b) $650 - 48$
$660 - 28$
$670 - 19$

c) $236 - 150$
$236 - 140$
$436 - 120$

d) $683 - 102$
$683 - 206$
$683 - 207$

e) $625 - 118$
$625 - 117$
$635 - 117$

86 96 316 411 411 431 476 477 507 508 518 581 602 603 632 651

4
a) $342 - 15$
$342 - 14$
$342 - 17$

b) $434 - 63$
$134 - 65$
$213 - 76$

c) $857 - 110$
$857 - 130$
$657 - 160$

d) $785 - 206$
$785 - 207$
$973 - 407$

e) $735 - 216$
$735 - 217$
$835 - 217$

69 137 325 327 328 371 497 518 519 566 578 579 618 727 747 748

5 Beschreibt und erklärt die Fehler der Kinder. Rechnet richtig.

a)
$431 - 25 = 416$
$431 - 20 = 411$
$411 + 5 = 416$
Mila

b)
$692 - 49 = 641$
$692 - 50 = 642$
$642 - 1 = 641$
Rico

c)
$752 - 120 = 630$
$750 - 100 = 650$
$650 - 20 = 630$
Mick

d)
$941 - 102 = 838$
$940 - 100 = 840$
$840 - 2 = 838$
Mia

6

$746 - 23$
$\blacksquare - \blacksquare$
$\blacksquare - \blacksquare$
$\blacksquare - \blacksquare$
$\blacksquare - \blacksquare$

Lisa beschreibt ihr Päckchen so:

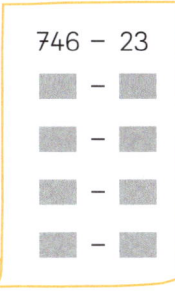

„Die erste Zahl wird immer um 1 kleiner.
Die zweite Zahl wird immer um 2 größer.
Deshalb wird die Differenz immer um …"

Setze Lisas Päckchen fort. Wie verändert sich die Differenz?

7 Schreibe die Nachbarhunderter.

a)

Nachbar-hunderter	Zahl	Nachbar-hunderter
▨	405	▨
▨	563	▨
▨	615	▨

b)

Nachbar-hunderter	Zahl	Nachbar-hunderter
▨	398	▨
▨	849	▨
▨	751	▨

8 Schreibe die Nachbarzehner.

a)

Nachbar-zehner	Zahl	Nachbar-zehner
▨	321	▨
▨	436	▨
▨	517	▨

b)

Nachbar-zehner	Zahl	Nachbar-zehner
▨	697	▨
▨	783	▨
▨	844	▨

AH 26 FÖ 39–40 **1** Verschiedene Rechenwege beim Subtrahieren vergleichen.
FO 25 **2** bis **4** Auf eigenen Wegen schrittweise subtrahieren. **7** und **8** Kopiervorlage 26 nutzen.

43

1 a) Rechnet. Erkennt ihr das Muster? Setzt fort.

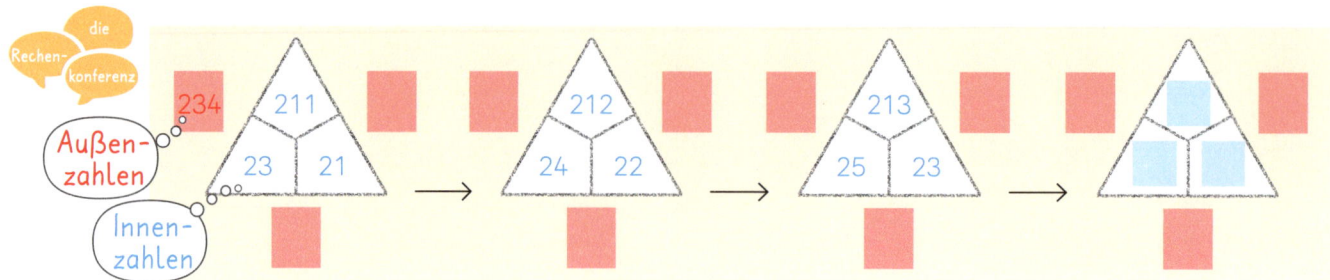

b) Beschreibt, wie sich die Rechendreiecke verändern:

„Jede Innenzahl wird immer um ⬛⬛⬛⬛⬛⬛.

Deshalb wird jede Außenzahl immer ⬛⬛⬛⬛⬛⬛.“

2 a)

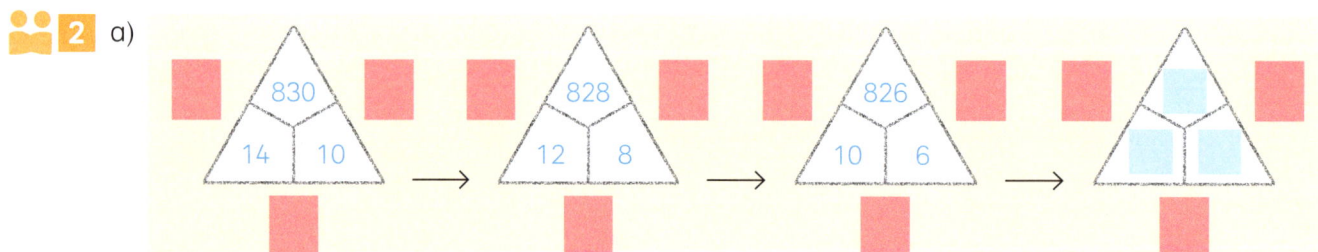

b) Beschreibt und erklärt, wie sich die Rechendreiecke verändern.

3 Amira beschreibt ihr Muster so:

„Jede Innenzahl wird immer um 3 größer.

Deshalb wird jede Außenzahl immer um 6 größer.“

Setzt Amiras Muster fort. Rechnet.

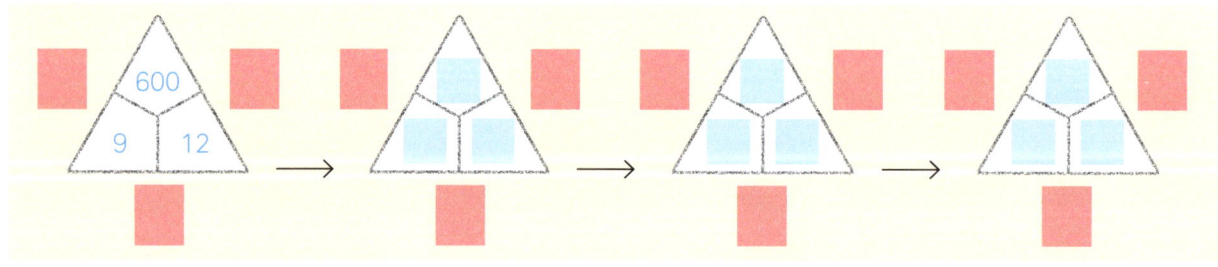

4 Erfindet ein eigenes Muster. Rechnet. Beschreibt.

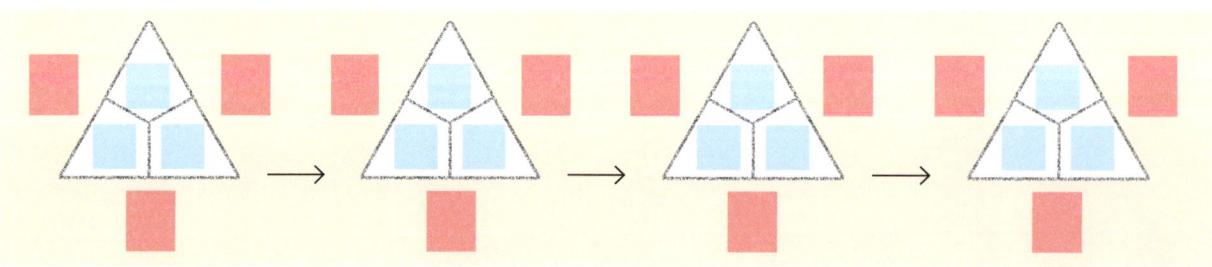

1 bis 4 Kopiervorlage 64 nutzen. Beschreiben und begründen, wie sich die Rechendreiecke verändern.   AH 27–28 FÖ 41

4 Offene Aufgabe.   FO 26–27

1 Wie viel Geld ist es jeweils?

a)

b)

c)

2 Schreibe mit Komma.

a) 6 €   25 ct = ▢   b)   6 ct = ▢   c)   48 ct = ▢

12 €   16 ct = ▢   108 €   0 ct = ▢   48 € = ▢

33 €   7 ct = ▢   10 €   3 ct = ▢   400 €   8 ct = ▢

3 Addiere.

a) 631 + 200 = ▢   b) 215 + 300 = ▢   c) 342 + 110 = ▢

631 + 20 = ▢   215 + 50 = ▢   430 + 201 = ▢

631 +   2 = ▢   215 + 350 = ▢   508 + 330 = ▢

4 Subtrahiere.

a) 548 − 300 = ▢   b) 784 − 400 = ▢   c) 250 − 120 = ▢

548 − 30 = ▢   784 − 20 = ▢   427 − 203 = ▢

548 −   3 = ▢   784 − 420 = ▢   865 − 410 = ▢

5 Rechne einen Überschlag.

a)   715 + 226   b)   352 − 148

Ü: ▢   Ü: ▢

6 Rechne auf deinem Weg.

327 + 158

7 Rechne auf deinem Weg.

435 − 218

Zuerst Aufgaben lösen, dann selbst einschätzen.
Auf der Basis der Selbsteinschätzung gemeinsam mit dem Kind individuelle Lernziele formulieren.
Kopiervorlage nutzen (KV im Lehrermaterial) oder Aufgaben ins Heft schreiben.

Dieses Bild hat
Paul Klee 1928
gemalt.

Er nannte es
„Burg und Sonne".

Ich sehe unter der Sonne ein großes Rechteck.

1 a) Welche Formen hat der Künstler verwendet?

b) Stellt euch weitere Suchaufgaben.

D

2 Diese Ausschnitte sind vergrößert. Sucht sie im Bild.

A

B

C

3 Suche die Ausschnitte im Bild. Zeichne ab und male sie entsprechend an.

A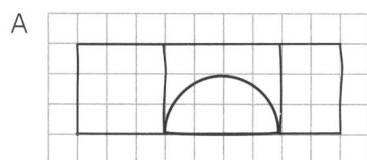

B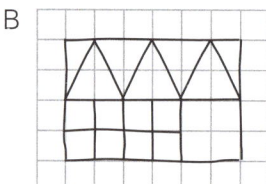

C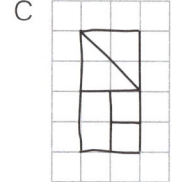

D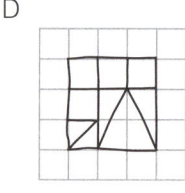

E

F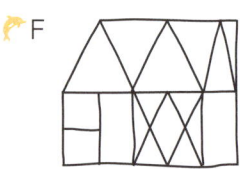

G

H

Weitere Kunstwerke mit geometrischen Formen finden. **AH** 29
3 Freihandzeichnung: Karo- oder Blankopapier verwenden. **FI3** 5

1 Nimm ein quadratisches Blatt Papier. Falte es dreimal.
Falte es auseinander und schneide es entlang der Faltlinien.

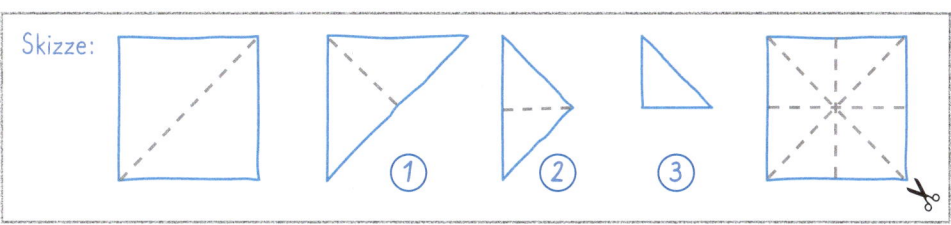

a) Wie viele Dreiecke entstehen?
b) Beschreibe die Dreiecke.

2 Legt mit den Dreiecken das Quadrat.
Durch Umlegen von zwei Dreiecken entstehen jeweils die anderen Figuren. Probiert.

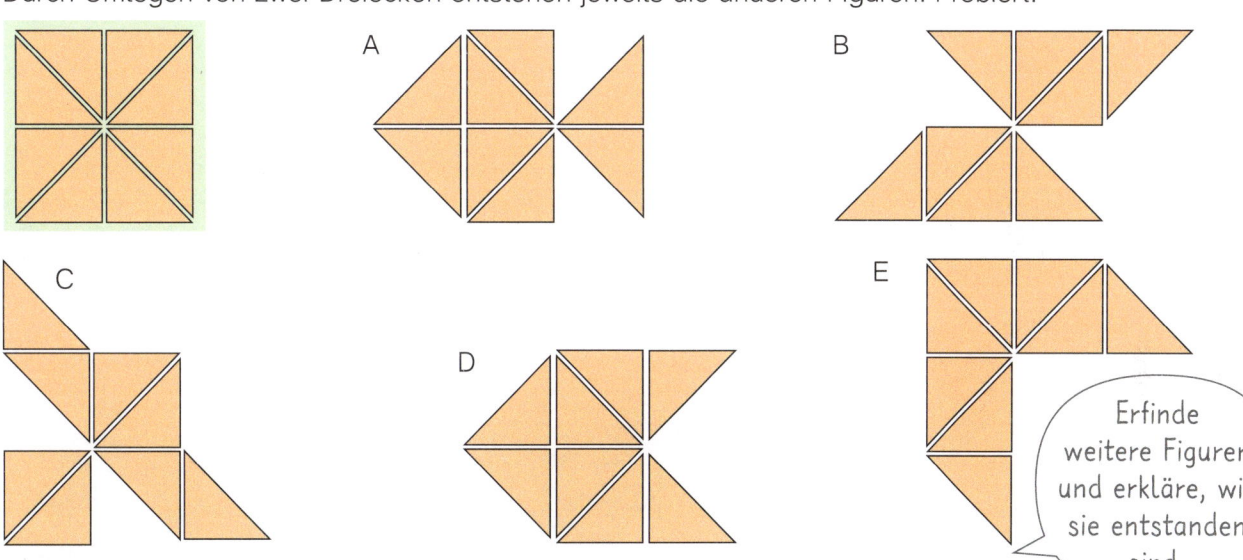

Erfinde weitere Figuren und erkläre, wie sie entstanden sind.

3 Forschen Lege mit diesen vier gleich großen Dreiecken verschiedene Vierecke.
Wie viele Möglichkeiten findest du? Zeichne Skizzen.

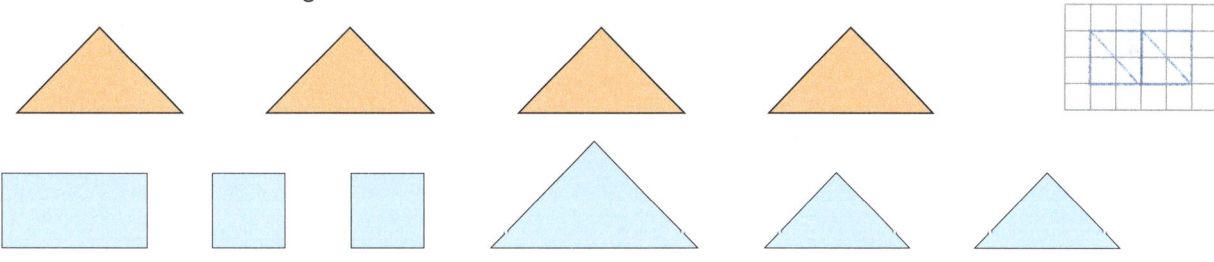

4

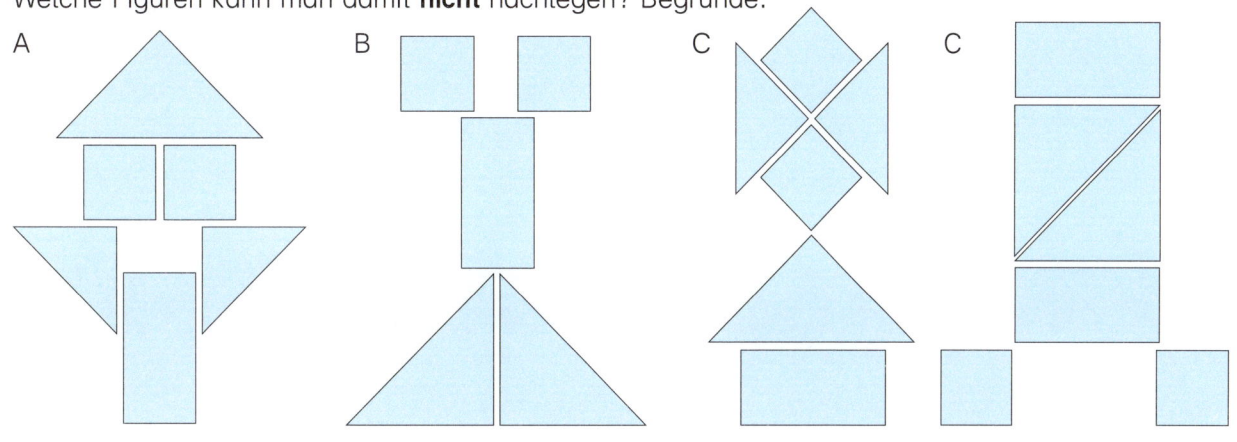

Du hast nur diese Vierecke und Dreiecke.
Welche Figuren kann man damit **nicht** nachlegen? Begründe.

1 Zeichne mit dem Lineal.

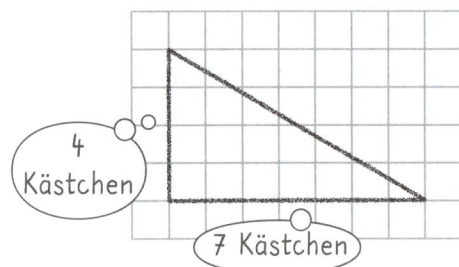

Sind die Kästchen richtig gezählt?
Liegen die Eckpunkte genau im Gitternetz?

Ist Platz für
die Bleistiftspitze?

2 Zeichne die Figuren mit Lineal und spitzem Bleistift.

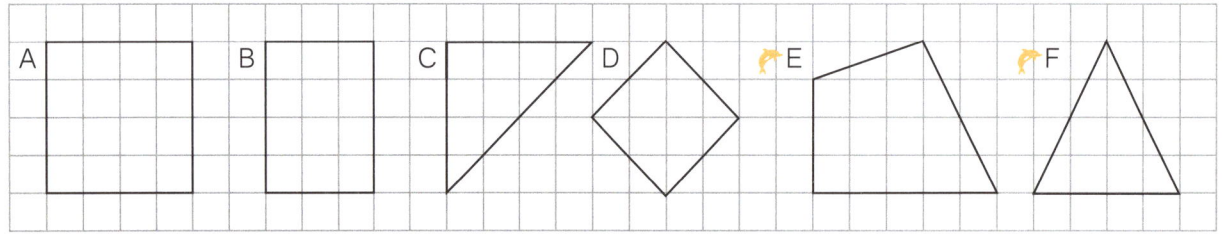

3 Zeichne mit Lineal und spitzem Bleistift. Zähle die Kästchen.

a)

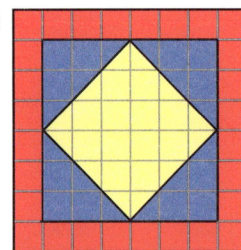

🐝 b)

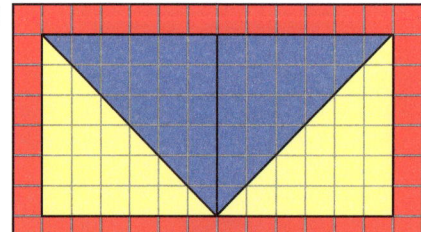

🐝 c)

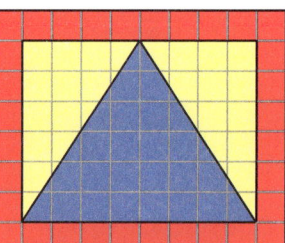

4 a) Zeichne ab und ergänze jeweils die 4. und 5. Figur.
b) Beschreibt die Muster. Wie verändern sich die Figuren?

A

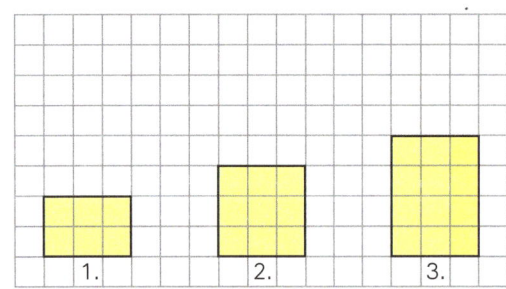

B

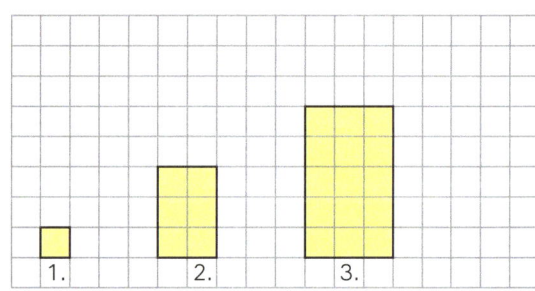

🐬 C

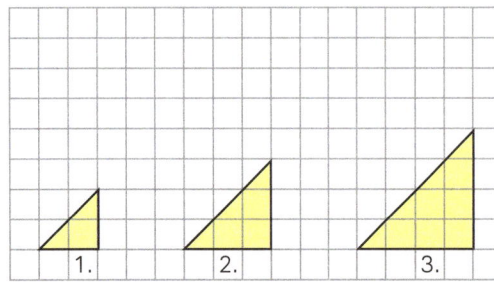

🐬 D

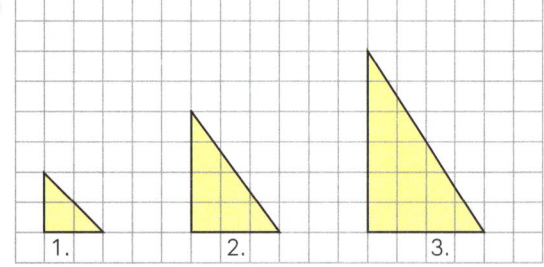

🐬 c) Wie wird jeweils die 10. Figur aussehen? Zeichne.

48

1 bis 4 Genaues Zeichnen auf Karopapier thematisieren und üben.

AH 30
FO 29

Vergrößern und verkleinern

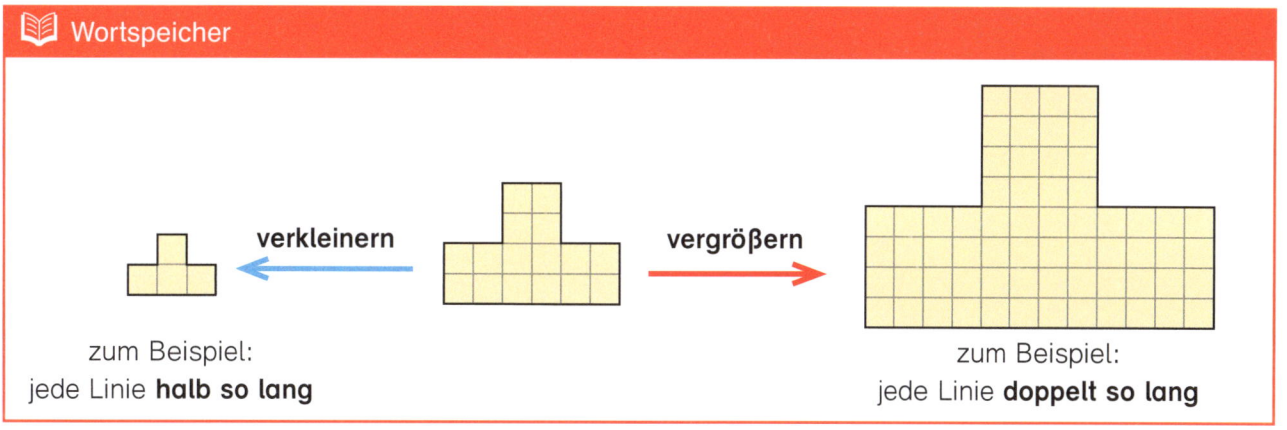

verkleinern ← ⟶ → vergrößern

zum Beispiel:
jede Linie **halb so lang**

zum Beispiel:
jede Linie **doppelt so lang**

1 Vergrößere. Zeichne jede Linie **doppelt so lang**.

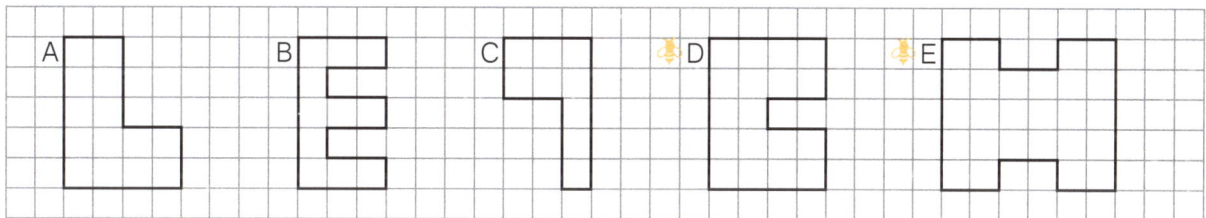

2 Verkleinere. Zeichne jede Linie **halb so lang**.

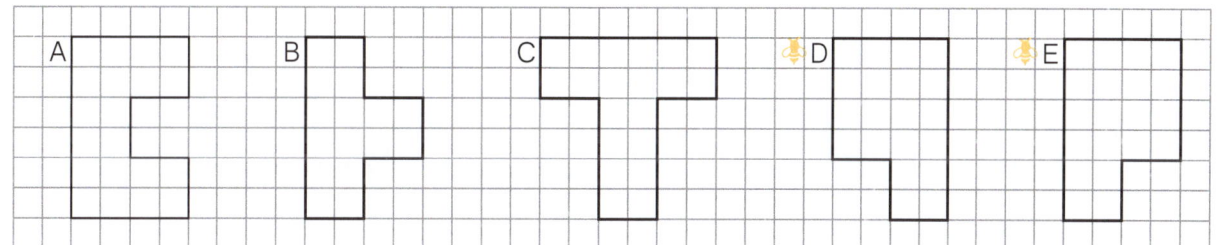

3 Kinder haben versucht, die Linien der Figur halb so lang zu zeichnen. Beschreibt die Fehler.

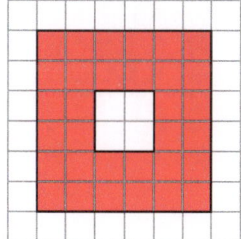 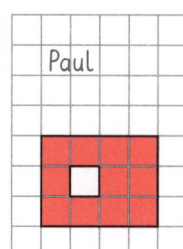 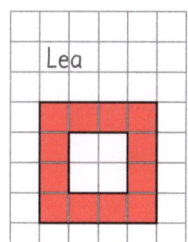 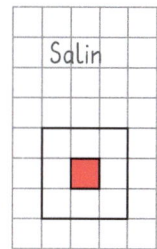 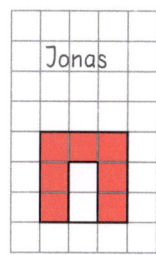

Paul   Lea   Salin   Jonas

4 Zeichne die Figuren **verkleinert** und **vergrößert**. Jede Linie halb oder doppelt so lang.

A 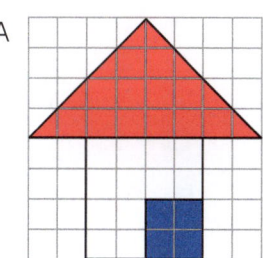   B 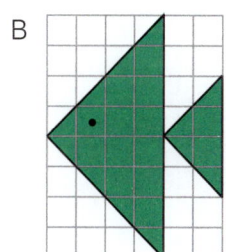   C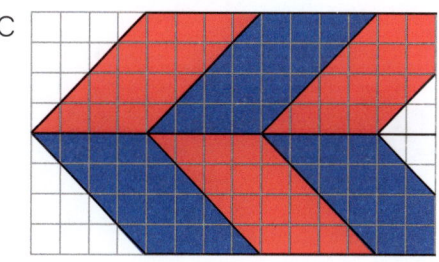

AH 30 FÖ 43   Wortspeicher nutzen.
FO 30

49

📖 Wortspeicher

Ein **Parkettmuster**
besteht aus Formen,
die sich wiederholen.
Das Muster lässt sich
in alle Richtungen
fortsetzen.
Es gibt keine Lücken.

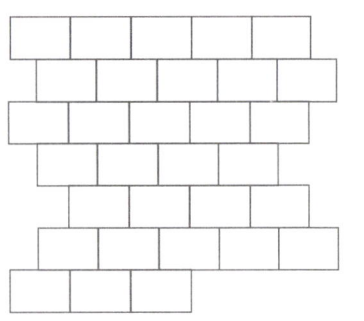

1 Forschen Forsche in deiner
Umgebung nach Parkettmustern.

a) Zeichnet eine Skizze.
b) Beschreibt das Muster.

📖 Wortspeicher

Das **Parkettmuster** besteht aus:
Rechtecken, Quadraten, Dreiecken, Sechsecken.
Die Formen sind:
verschoben, nebeneinander, wiederholen sich …

2 a) Beschreibe die Formen, aus denen die Parkettmuster bestehen.
b) Zeichne die Muster in dein Heft und setze sie in alle Richtungen fort.

A
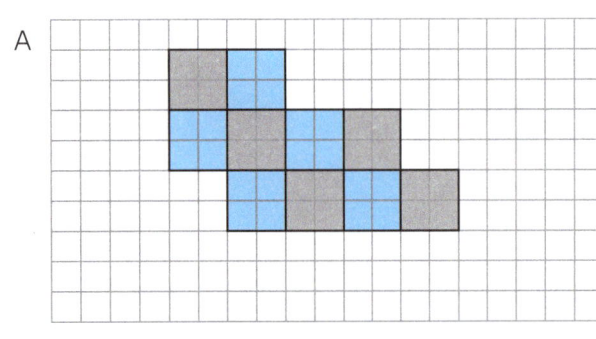

B
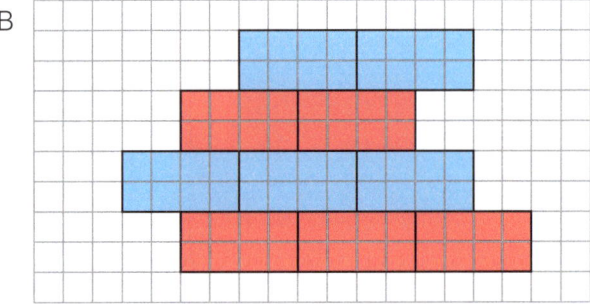

C
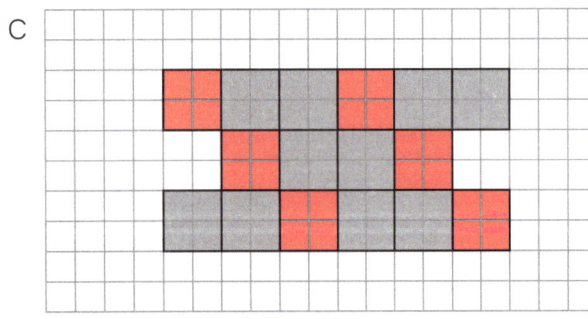

D
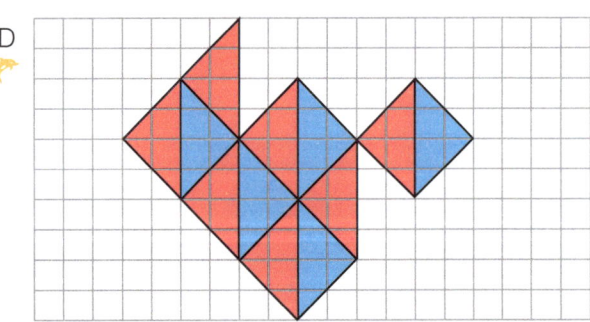

3 Sind beides Parkettmuster? Begründet eure Antwort.

A
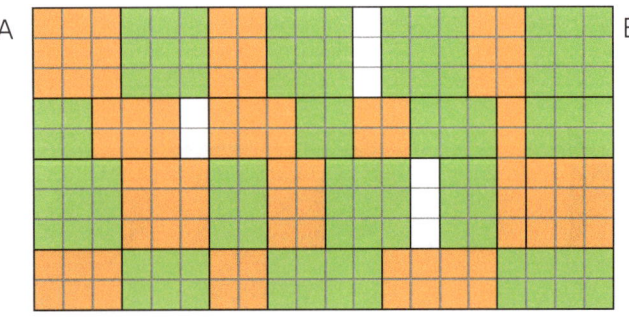

B
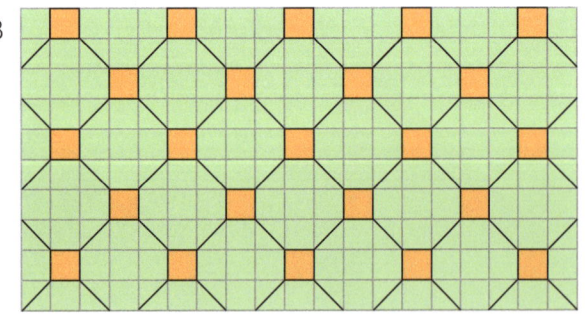

Wortspeicher nutzen. AH 31
2 Diff.: Eigene Muster zeichnen. FO 31

1 Wie entstehen solche Klappkarten? Probiert aus. Prüft mit dem Spiegel.

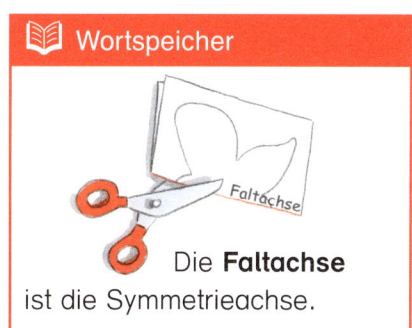

Die **Faltachse** ist die Symmetrieachse.

2 Falte und schneide eigene Figuren.

3 Ordne die ausgeschnittenen Figuren zu.

A   B   C   D

① ② ③ ④

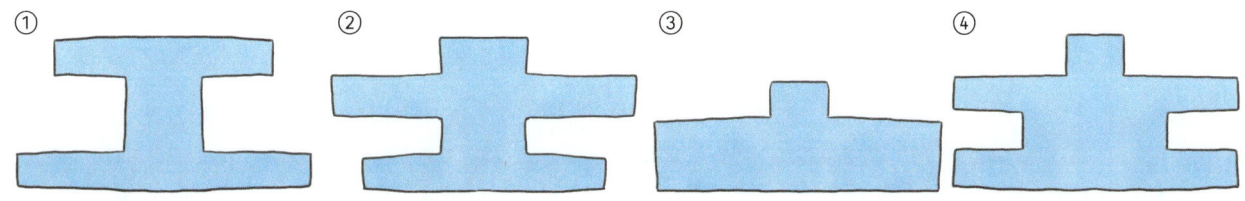

4 Zeichne die Figuren, die durch das Ausschneiden und Aufklappen entstehen werden. Zeichne die Symmetrieachse ein.

A

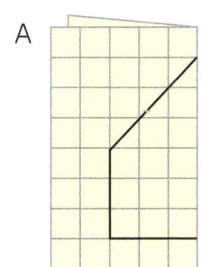

B

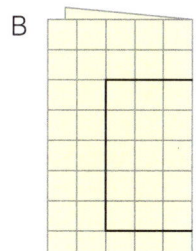

C

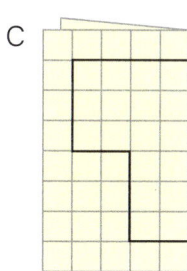

5 Zeichne die ausgeschnittenen Figuren.

A

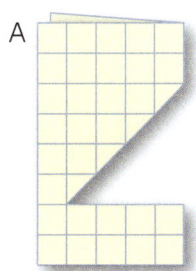

B

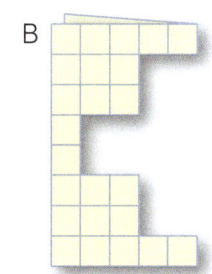

C

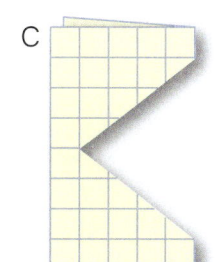

D

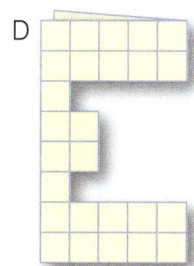

AH 32   Wortspeicher nutzen.
FO 32   FI9 20–21   4 und 5 Diff.: Karopapier falten, Figuren zeichnen und ausschneiden.

51

1

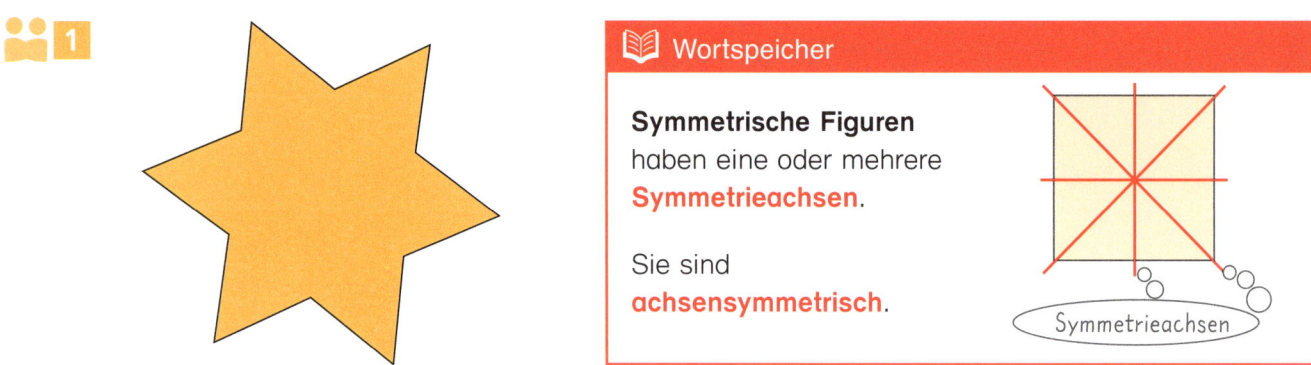

Wie viele Symmetrieachsen hat dieser Stern?
Prüft mit dem Spiegel.

2

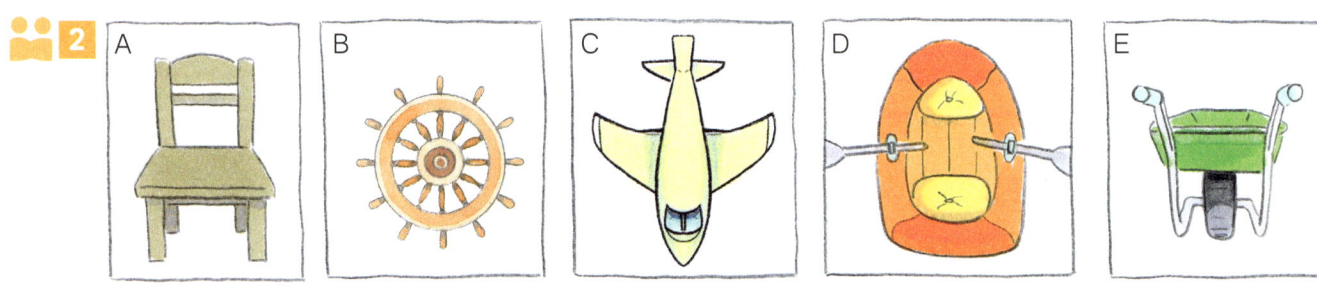

A   B   C   D   E

a) Diese Gegenstände sind achsensymmetrisch gebaut. Warum ist das wichtig?
b) Zeigt jeweils die Symmetrieachsen. Prüft mit dem Spiegel.
🐝 c) Findet weitere achsensymmetrische Gegenstände.

3   Zeigt bei den Buchstaben die Symmetrieachsen. Prüft mit dem Spiegel.

A B C D E H I K M O T U W X

4   a) Lest die Wörter mit dem Spiegel.

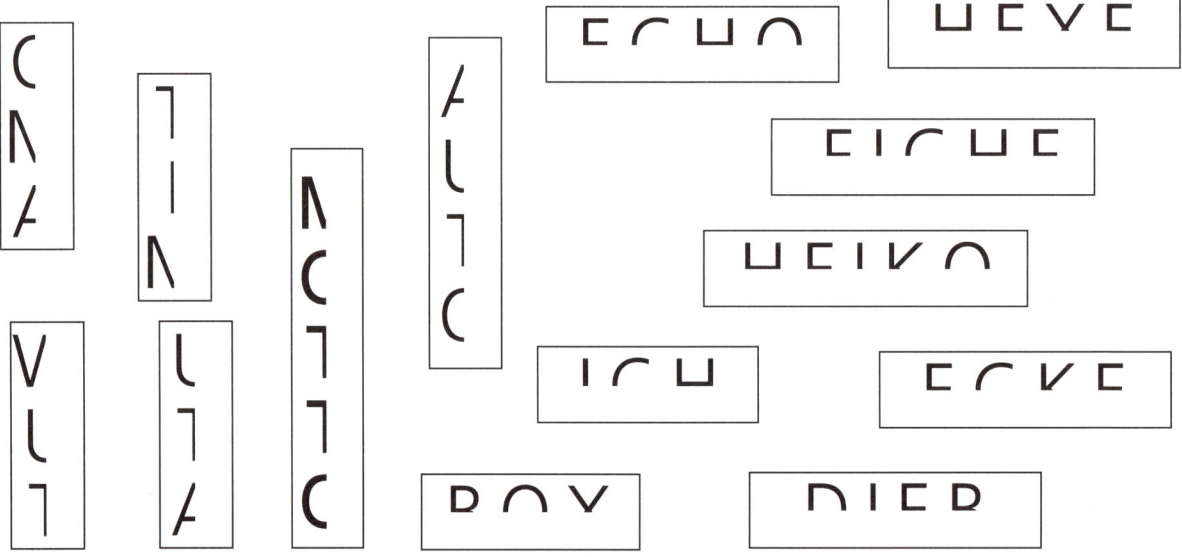

🐬 b) Findet ihr weitere Wörter mit einer Symmetrieachse?

52

Achsensymmetrie

1 Zeichne die Figuren und trage alle Symmetrieachsen rot ein. Prüfe mit dem Spiegel.

A B C D

E F G H

2 Ergänze jeweils spiegelbildlich im Heft. Prüfe mit dem Spiegel.

A B C D

E F G H

3 Spiegele nacheinander. Zeichne in dein Heft und prüfe mit dem Spiegel.

A B C

4 Das soll ein symmetrisches Muster werden.
a) Welche Quadrate gehören in die freien Felder A, B, C?
b) Zeichne das vollständige Muster.

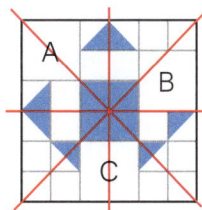

 1   2 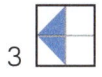 3   4   5   6   7

AH 33 FÖ 44–45 **1** Insgesamt 13 Symmetrieachsen. **2** und **3** Farbverteilung beachten.
FO 33

53

1 Lege und rechne.

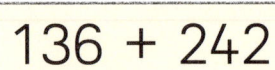

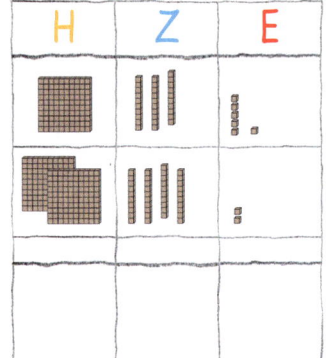

> Ich addiere zuerst die Einer: 2 E + 6 E = 8 E, dann die Zehner: 4 Z + 3 Z = 7 Z, dann die Hunderter: 2 H + 1 H = 3 H.

	H	Z	E
	1	3	6
+	2	4	2
			8

2 Beginne immer mit den Einern.

a)
	H	Z	E
	4	3	6
+	3	4	2

b)
	H	Z	E
	6	0	4
+	3	8	5

c)
	H	Z	E
	1	4	2
+		5	6

d)
	H	Z	E
	4	3	5
+	2	3	2

e)
	H	Z	E
	1	6	3
+	7	2	4

f)
	H	Z	E
	5	0	3
+	2	7	2

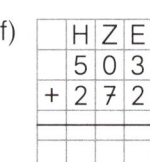 g)
	H	Z	E
	3	6	2
+	4	1	7

 h)
	H	Z	E
	7	4	6
+	2	5	3

📖 Wortspeicher

Schriftlich addieren

	H	Z	E
	2	4	5
+	1	3	2
	3	7	7

Addiere zuerst die **Einer**, dann die **Zehner**, dann die **Hunderter**.

3 a)
	4	3	2
+	1	0	5

b)
	5	0	6
+	1	5	3

c)
	8	4	2
+		3	6

d)
	4	5	6
+	3	4	1

e)
		6	8
+	5	2	1

f)
	7	3	1
+	1	0	2

g)
	3	6	4
+		3	4

h)
	1	5	3
+	7	2	5

i)
	4	2	5
+	3	7	0

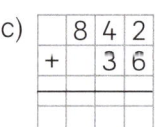 j)
		7	1
+	6	2	8

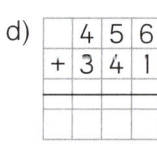 k)
	3	4	5
+	5	4	3

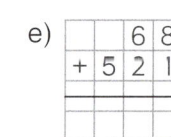 l)
		8	6
+	6	1	3

4 Schreibe untereinander. Addiere schriftlich.

a) 124 + 35
251 + 46
326 + 72

a)		1	2	4
+			3	5

b) 163 + 214
245 + 132
356 + 323

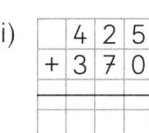 c) 54 + 432
62 + 515
73 + 714

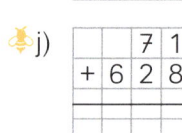 d) 305 + 472
463 + 236
575 + 124

5 Welche Ziffern fehlen?

a)
	3	2	🔵
+	1	3	5
	🔵	5	9

b)
	4	🔵	6
+	2	5	3
	🔵	6	🔵

c)
	🔵	🔵	3
+	3	4	2
	8	5	🔵

d)
	🔵	1	1
+	4	🔵	🔵
	5	5	5

e)
	5	4	3
+	🔵	4	5
	8	🔵	🔵

f)
	1	🔵	2
+	3	5	🔵
	🔵	8	5

Wortspeicher nutzen.

AH 34 FÖ 46
FO 34 FI9 22–26

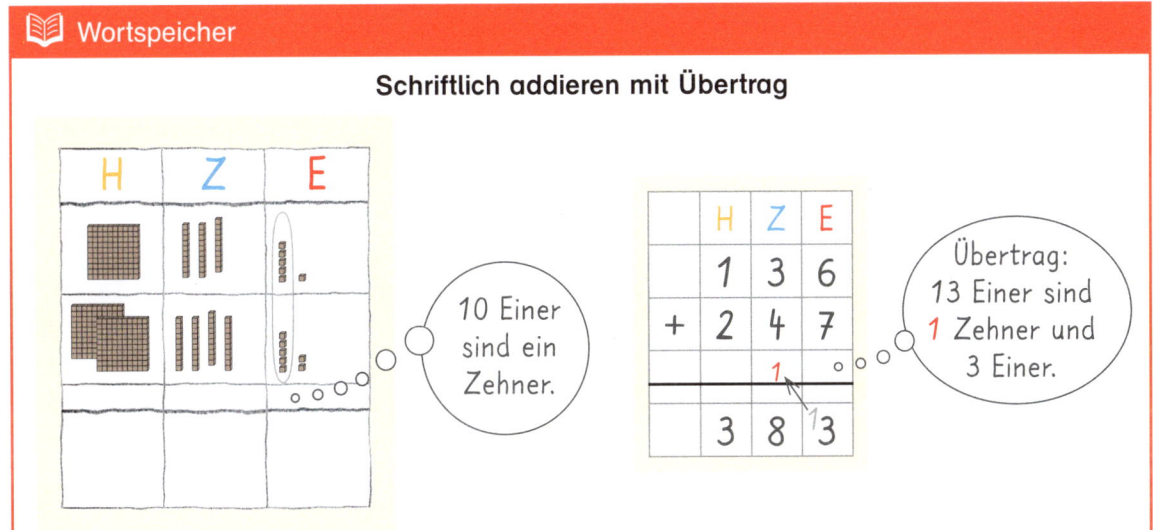

Wortspeicher

Schriftlich addieren mit Übertrag

10 Einer sind ein Zehner.

Übertrag: 13 Einer sind 1 Zehner und 3 Einer.

1

a)
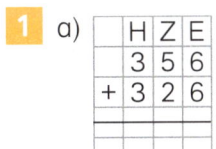
```
H Z E
  3 5 6
+ 3 2 6
```

b)
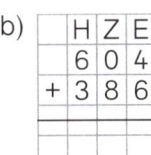
```
H Z E
  6 0 4
+ 3 8 6
```

c)
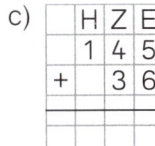
```
H Z E
  1 4 5
+   3 6
```

d)
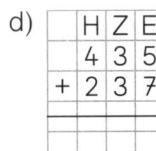
```
H Z E
  4 3 5
+ 2 3 7
```

🐝 e)
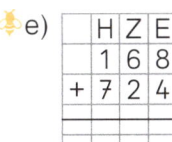
```
H Z E
  1 6 8
+ 7 2 4
```

🐝 f)

```
H Z E
  5 0 9
+ 2 7 2
```

2

a)
```
  3 5 4
+ 3 5 4
```

b)
```
  4 6 7
+   5 2
```

c)
```
  7 3 8
+   8 1
```

d)
```
  5 8 7
+ 3 3 2
```

🐝 e)
```
  3 8 2
+ 4 4 4
```

🐝 f)
```
    8 7
+ 8 6 1
```

3 Schreibe untereinander. Addiere schriftlich.

a) 323 + 94
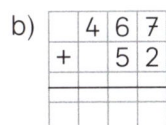
```
a)   3 2 3
   +   9 4
         1
     4 1 7
```

328 + 490

326 + 409

427 + 309

525 + 219

368 + 109

b) 374 + 481
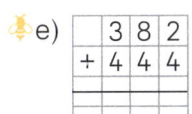

74 + 418

374 + 41

83 + 252

293 + 345

174 + 408

🐝 c) 406 + 357

46 + 573

460 + 537

370 + 436

507 + 64

606 + 257

🐬 d) 614 + 386

614 + 387

614 + 486

523 + 512

426 + 613

146 + 953

◄ 320 335 415 417 477 492 571 582 619 638 735 736 744 763 806 818 855 863 997 1000 1001 1035 1039 1099 1100

4 a) Welche Fehler haben die Kinder gemacht? Erklärt.

A Einer stehen nicht unter Einern.

B Übertrag vergessen.

C Ein Übertrag zu viel.

D Ziffern falsch addiert.

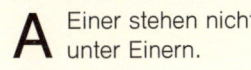
```
    4 8
+ 4 2 7
    1 1
  5 7 5
```
Lena

Lena: Fehler C

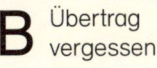
```
  3 6 7
+ 2 6 1
  5 2 8
```
Mehmet

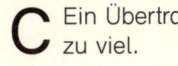
```
  3 0 7
+ 2 9
  5 9 7
```
Hanna

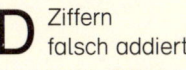
```
    8 5
+ 2 4 2
    1
  3 1 7
```
Lukas

```
  2 6 7
+ 3 0 6
    1 1
  6 7 3
```
Max

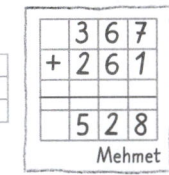
```
  2 6 0
+   9 6
  2 5 6
```
Paul

🐝 b) Rechnet richtig.

AH 35–36 FÖ 47–49   Wortspeicher nutzen.
FO 35 FI9 29–32

55

1 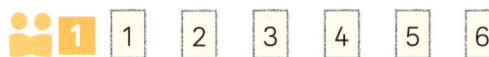 1 2 3 4 5 6

Legt mit diesen sechs Ziffernkarten dreistellige Zahlen. Addiert sie.

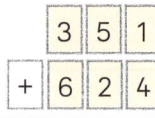

2 Forschen

a) Legt diese Aufgabe.
   Addiert schriftlich.

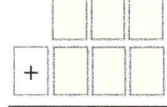

b) Vertauscht zwei Karten so,
   dass sich die Summe ändert.

c) Vertauscht zwei Karten so, dass sich die Summe nicht ändert.

3 Knobeln

1 2 3 4 5 6

Legt Additionsaufgaben.

a) Die Summe soll möglichst groß sein.

b) Die Summe soll möglichst klein sein.

c) Die Summe soll kleiner als 400 sein.

d) Die Summe soll zwischen 900 und 1000 liegen.

e) Die Summe soll 408 sein.

4 Knobeln

0 1 2 3 4 5 6 7 8 9

Legt zwei dreistellige Zahlen.
Jede Ziffernkarte darf nur einmal
verwendet werden. Addiert.
Findet verschiedene Möglichkeiten.

Die Summe soll 1000 sein.

5 Addiere drei Zahlen.

a)
```
  3 2 9
  1 0 8
+ 1 2 8
```

a)
```
  3 2 9
  1 0 8
+ 1 2 8
     2
      5
```

b)
```
  2 3 4
  3 2 3
+ 4 4 1
```

c)
```
  3 1 6
  1 4 8
+ 2 6 7
```

d)
```
  1 7 1
  2 4 3
+ 2 7 5
```

e)
```
  1 5 2
  3 1 4
+ 6 5 3
```

f)
```
  4 3 5
  2 5 4
+ 4 1 6
```

6 Schreibe untereinander. Addiere schriftlich.

a) 524 + 76 + 162
   528 + 275 + 169
   313 + 181 + 224
   324 + 89 + 45

a)
```
    5 2 4
      7 6
  + 1 6 2
```

b) 217 + 231 + 288
   216 + 32 + 87
   627 + 148 + 156
   524 + 36 + 199

c) 187 + 145 + 263 + 181
   438 + 279 +   4 + 182
   703 + 168 + 58 +   8
     5 + 250 + 623 + 105

335 458 718 736 759 762 776 903 931 937 948 972 983

2 Vertauschen in der Zeile führt zu veränderten Summen. Vertauschen in einer Spalte verändert die
Summe nicht. Diff.: Wie viele Aufgaben sind mit diesen sechs Karten möglich?

AH 37 FÖ 49
FO 36

1 Das Tausenderspiel

a)
1. Jeder würfelt einmal mit drei Würfeln
   und bildet eine dreistellige Zahl.
2. Jeder würfelt noch einmal mit drei Würfeln
   und bildet wieder eine dreistellige Zahl.
3. Die beiden Zahlen werden addiert.
4. Gewonnen hat, wer näher an die Summe **1000** herankommt.
5. Wer über die Summe 1000 kommt, hat verloren.

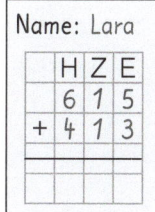

Summe

b) Wer hat gewonnen? Addiert.

Name: Marie
```
  H Z E
  4 3 5
+ 5 2 1
```

Name: Tim
```
  H Z E
  5 1 6
+ 4 4 5
```

Name: Elena
```
  H Z E
  5 1 6
+ 5 2 4
```

Name: Julia
```
  H Z E
  5 4 5
+ 4 3 1
```

Name: Leo
```
  H Z E
  3 5 2
+ 6 4 1
```

Name: Lara
```
  H Z E
  6 1 5
+ 4 1 3
```

2 Welche Ziffern fehlen?

a)
```
  3 2 2
+ 4 ● 4
───────
  7 5 6
```

b)
```
  2 1 4
+ 6 ● 3
───────
  8 8 7
```

c)
```
  4 4 3
+ ● 1 4
───────
  6 5 7
```

d)
```
  5 3 5
+ 3 ● 4
───────
  8 8 9
```

e)
```
  5 0 7
+ 4 ● 1
───────
  9 0 8
```

f)
```
  1 3 2
+ 5 ● 5
───────
  6 7 7
```

g)
```
  4 ● 1
+ 2 7 1
───────
  6 9 2
```

h)
```
  2 4 5
+ 5 ● 1
───────
  7 8 6
```

i)
```
  6 ● 4
+   5 3
───────
  7 0 7
```

j)
```
    8 4
+ ● 3 7
───────
  4 2 1
```

k)
```
  ● 0 7
+ 2 0 5
───────
  3 1 2
```

l)
```
  1 ● 3
+ 3 3 3
───────
  4 5 6
```

3 Welche Ziffern fehlen? Achte auf die Überträge.

a)
```
  2 3 8
+ ● ●
───────
  3 3 3
```

b)
```
  4 2 6
+ ● ●
───────
  4 4 4
```

c)
```
  5 7 2
+ ● ● ●
───────
  7 0 7
```

d)
```
  2 3 6
+ ● ● ●
───────
  6 1 3
```

e)
```
  1 1 1
+ ● ● ●
───────
  9 0 0
```

f)
```
  8 9 3
+ ● ● ●
───────
  1 0 0 0
```

4 Rechne im Kopf oder schriftlich.

a) 250 + 400
257 + 478
240 + 350

230 + 520
286 + 357

b) 547 + 386
310 + 460
405 + 320

376 + 258
676 + 245

c) 280 + 300 + 20
274 + 457 + 93
410 + 120 + 30

620 + 240 + 20
354 + 268 + 45

Manche Aufgaben kann ich im Kopf rechnen.

Manche muss ich schriftlich lösen.

560 590 600 634 643 650 667 725 735 750 770 824 880 921 930 933

5 Schreibe mit Komma.

a) 5 € 30 ct
5 € 3 ct
5 € 33 ct

b) 7 € 15 ct
9 € 8 ct
3 € 2 ct

c) 15 € 4 ct
21 € 40 ct
70 € 0 ct

d) 31 €
5 €
86 €

e) 100 ct
90 ct
85 ct

f) 250 ct
25 ct
342 ct

1 Tipp 1: **Lesen und Erzählen**

- Lies die Rechengeschichte sorgfältig und genau.

- Erzähle sie deinem Partner.

Frau Leiser und Herr Leiser gehen mit Anna auf die Eisbahn. Sie bezahlen den Eintritt und leihen sich zwei Paar Schlittschuhe.

a) Überlegt, welche Kinder richtig erzählen.
b) Findet eine Frage, rechnet und antwortet.

2 Tipp 2: **Wichtige Daten**

- Schreibe die Angaben aus der Rechengeschichte auf, die du zum Lösen brauchst.

In der Pause holt Herr Leiser dreimal Tee und eine Pizza. Er bezahlt mit einem 50-Euro-Schein.

a) Welches Kind hat alle Daten richtig aufgeschrieben?

3	Tee	2 €
1	Pizza	4 €
bezahlt	5 0 €	
		Marie

drei Tee, jeder Tee		2 €
eine Pizza	4 €	
bezahlt	5 0 €	
		Tom

Tee	2 €	
Pizza	4 €	
bezahlt	5 0 €	
		Selim

3 Tee, jeder	2 €	
eine Pizza	4 €	
Preis	5 0 €	
		Alina

b) Finde eine Frage, rechne und antworte.

3 Tipp 3: **Schrittweise vorgehen**

- Überlege, was du im 1. Schritt berechnest, was im 2. Schritt und was dann.

- Du kannst dir Zwischenfragen überlegen.

Am Ende des Besuchs auf der Eisbahn kauft Herr Leiser für alle noch je ein Eis zu 2 € und für Anna eine Zehnerkarte für die Eisbahn zu 25 €. Er bezahlt mit einem 50-Euro-Schein.

Tom hat sich die Schritte zum Ausrechnen aufgeschrieben.

1.	Wie viel kosten die drei Eis?
2.	Wie viel kosten Eis und Zehnerkarte zusammen?
3.	Wie viel bekommt Herr Leiser zurück?

Rechne passend zu Toms Schritten. Notiere die Antwort.

58

Aktuelle Preise recherchieren. AH 39 FÖ 50
FO 37

Eisbahn Eintritt:
Erwachsene 5 €
Kinder 3 €

4 Tipp 4: **Hilfsmittel verwenden**

- Du kannst eine Skizze zeichnen.

- Du kannst mit einer Tabelle arbeiten.

a)
Die Eisbahn ist 35 m lang und 20 m breit. Jacob fährt eine Runde. Wie weit ist er ungefähr gefahren?

Paul löst die Aufgabe mit einer Skizze.
Zeichne Pauls Skizze ab und ergänze.
Rechne und antworte.

	3 5 m	
	3 5 m	

b)
Julia war dieses Jahr schon zwölf Mal auf der Eisbahn. Wie viel hat sie für den Eintritt bezahlt?

Sofie löst die Aufgabe mit einer Tabelle.
Schreibe Sofies Tabelle weiter, löse die Aufgabe und antworte.

Besuche	Preis
1	3 €
2	6 €
3	9 €

5 Tipp 5: **Ergebnis überprüfen**

- Überlege, ob das Ergebnis stimmen kann.

a) Welche Antwort kann stimmen? Begründe.

A
Frau Mahr geht mit drei Kindern zur Eisbahn. Wie viel Eintritt muss sie bezahlen?

Sie muss 1 4 € bezahlen.
Nele

Sie muss 5 € bezahlen.
Tom

B
Tobias war mehr als achtmal auf der Eisbahn. Wie viel hat er für den Eintritt ausgegeben?

Er hat weniger als 2 0 € ausgegeben.
Lea

Er hat mehr als 2 4 € ausgegeben.
Emre

C
Marie kauft fünf Pizzen und einen Tee. Wie viel muss sie bezahlen?

Sie muss 1 2 € bezahlen.
Mümine

Sie muss 2 2 € bezahlen.
Tim

b) Rechne nun die Aufgaben genau und prüfe die Antworten.

1 Das Säulendiagramm zeigt, wie viele Mädchen und Jungen die Parkschule besuchen.
Die Zahlen wurden auf Zehner gerundet.

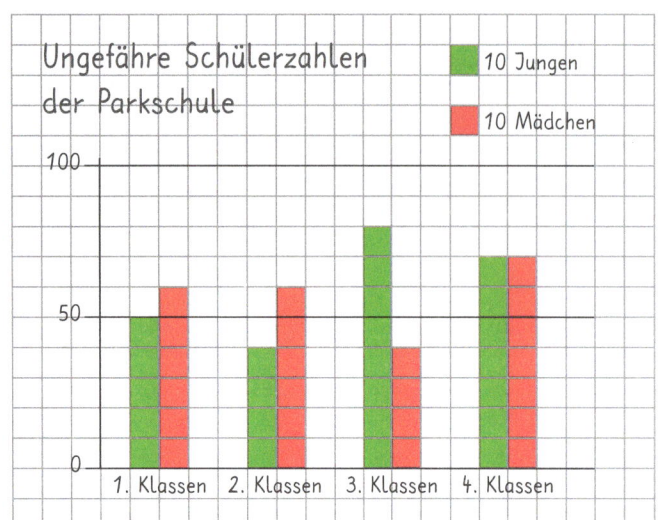

Stimmt oder stimmt nicht? Überprüft die Aussagen und notiert im Heft. Begründet.

A In den 2. Klassen sind mehr Mädchen als Jungen.

A Stimmt.

B In die 1. Klassen gehen ungefähr 60 Jungen.

C In den 4. Klassen sind mehr Mädchen als in den 3. Klassen.

D In den 3. Klassen sind doppelt so viele Mädchen wie Jungen.

E In den 4. Klassen sind mehr Kinder als in den 1. Klassen.

F Es gibt mehr Mädchen als Jungen in der Schule.

2 Dies sind die Daten der Klosterschule.

a) Zeichne zur Tabelle ein Säulendiagramm in dein Heft.

ungefähre Schülerzahlen der Klosterschule		
	Jungen	Mädchen
1. Klassen	30	20
2. Klassen	20	30
3. Klassen	40	20
4. Klassen	20	20

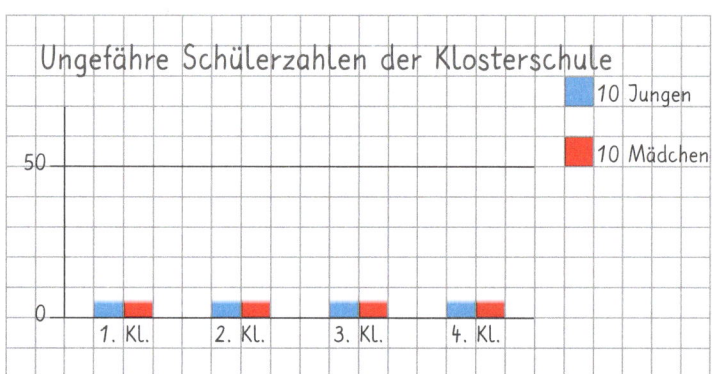

b) A Wie viele Jungen sind ungefähr in den 3. Klassen?

B Wie viele Kinder sind ungefähr in den 4. Klassen?

C Wie viele Mädchen sind ungefähr in den 1. und 2. Klassen?

D Wie viele Kinder gehen ungefähr zur Klosterschule?

E Findet weitere Fragen und beantwortet sie.

3 Die Kinder der 3. Klassen nannten ihre Hobbys.
Wie viele Kinder üben welches Hobby aus?

Computerspiele sind am beliebtesten.

Nur halb so viele Kinder lesen Bücher.

Die wenigsten Kinder malen gerne.

Sportverein und Musikschule sind gleich beliebt.

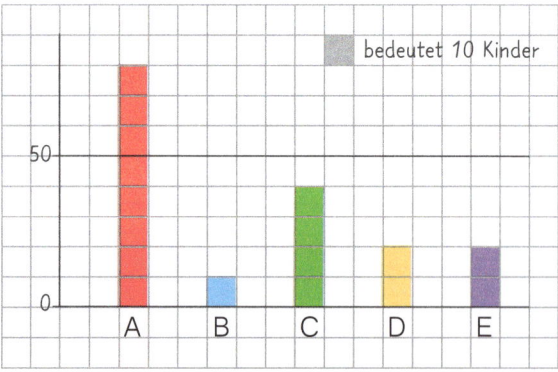

bedeutet 10 Kinder

60

1 In der Klasse 3a wurde eine Klassensprecherwahl durchgeführt.
Hierzu siehst du ein **Kreisdiagramm.**

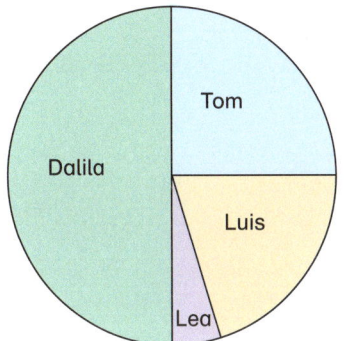

Wortspeicher

das **Kreisdiagramm**

Ergebnis der Klassen-sprecherwahl

a) Welche Kinder standen zur Wahl?

b) Wer erhielt die wenigsten Stimmen?

c) Wer hat die Klassensprecherwahl gewonnen?

d) Wer erhielt mehr Stimmen als Luis?

e) Wer bekam halb so viele Stimmen wie Dalila?

f) 24 Kinder haben gewählt.
Wie viele Stimmen erhielt Tom?

2 Die Klasse 3b hat ebenfalls eine Klassensprecherwahl durchgeführt.

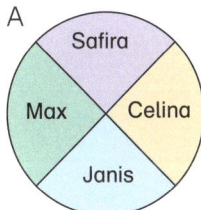
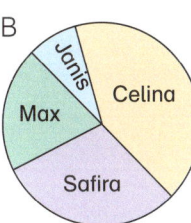
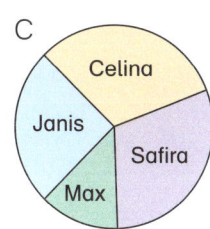

Welches Kreisdiagramm passt jeweils?
Ordne zu. Schreibe in dein Heft.

Janis erhielt die wenigsten Stimmen.

Alle vier Kinder bekamen gleich viele Stimmen.

Max bekam die wenigsten Stimmen.

3 Die Kinder der 3. Klassen der Ahornschule wurden nach ihrem Schwimmabzeichen befragt.
Ordne zu.

Die Hälfte der Kinder haben schon das Seepferdchen.

Die wenigsten Kinder haben kein Abzeichen.

Es haben mehr Kinder Bronze als Silber.

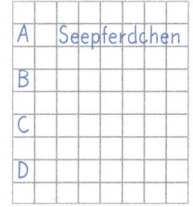

A	Seepferdchen
B	
C	
D	

4 Wie viele Kinder sind es jeweils?

a) insgesamt 28 Kinder

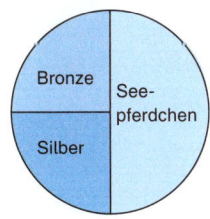

Die Hälfte der Kinder hat das Seepferdchen!

Die Hälfte von 28 ist ...

b) insgesamt 30 Kinder

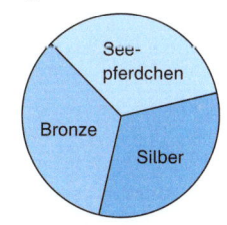

5 Erfindet Rechengeschichten mit passenden Zahlen zu diesen Kreisdiagrammen.

a)

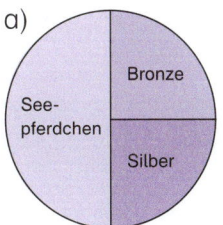

b)

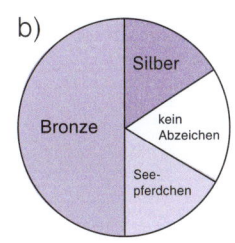

c)

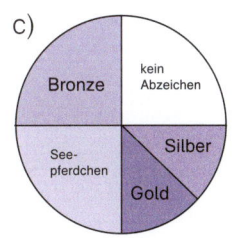

AH 40 FÖ 51   Wortspeicher nutzen.
FO 39

61

1 Vergleicht die Gegenstände aus eurer Schultasche. Ordnet sie nach dem Gewicht.
Kontrolliert dann mit der Kleiderbügelwaage.

4 Stifte sind etwa genau so schwer wie ...

die Kleiderbügelwaage

Nehmt jeweils
a) zwei Gegenstände.　　　b) drei Gegenstände.　　　c) vier Gegenstände.

2 Was ist schwerer? Das Buch oder die Brotdose?

📖 Wortspeicher

die **Gewichtssteine**

1 **Kilogramm** gleich **1 000 Gramm**

1 kg = 1 000 g

1 kg　500 g　200 g　100 g　100 g

1 g　2 g　2 g　5 g　10 g　10 g　20 g　50 g

---

3 Wiegt mit der Tafelwaage.
a) Wie schwer ist diese Federmappe?

die Tafelwaage　100 g　100 g　50 g　20 g

a)　1 0 0 + 1 0 0 g + 5 0 g +

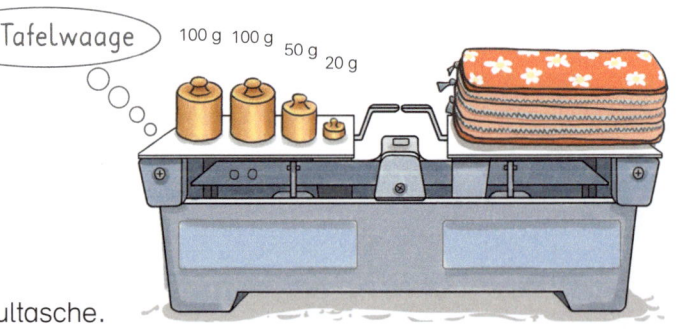

b) Wie schwer sind eure Federmappen?
c) Wiegt andere Gegenstände aus eurer Schultasche.

62

Wortspeicher nutzen.　AH 41　FÖ 52
FI10 31–32

4 Wie schwer sind diese Gegenstände?

a) 200 g 100 g

b) 500 g 100 g

c) 200 g 200 g

d) 500 g 100 g 20 g

e) 100 g 50 g 50 g 20 g

f) 10 g 10 g 50 g

📖 Wortspeicher

genau 1 kg

genau 100 g

genau 10 g

genau 1 g

ungefähr 1 kg

ungefähr 100 g

ungefähr 10 g

ungefähr 1 g

5 Findet Gegenstände, die ungefähr so viel wiegen [1 g] [10 g] [100 g] [1 kg] .

100 g

Der Hefter wiegt 110 g.

Das sind ungefähr 100 g.

1 g

6 Was wiegt ungefähr wie viel? Ordne die Gewichtsangaben zu.

A   B   C   D

[1 g]   [400 g]   [1 kg]   [20 g]   [10 kg]

7 Kann das stimmen?

a) Eine leere Brotdose wiegt genau 10 g mehr als eine volle Brotdose.

b) Ein Lesebuch ist schwerer als ein Klebestift.

c) Zehn Büroklammern sind leichter als eine Tafel Schokolade.

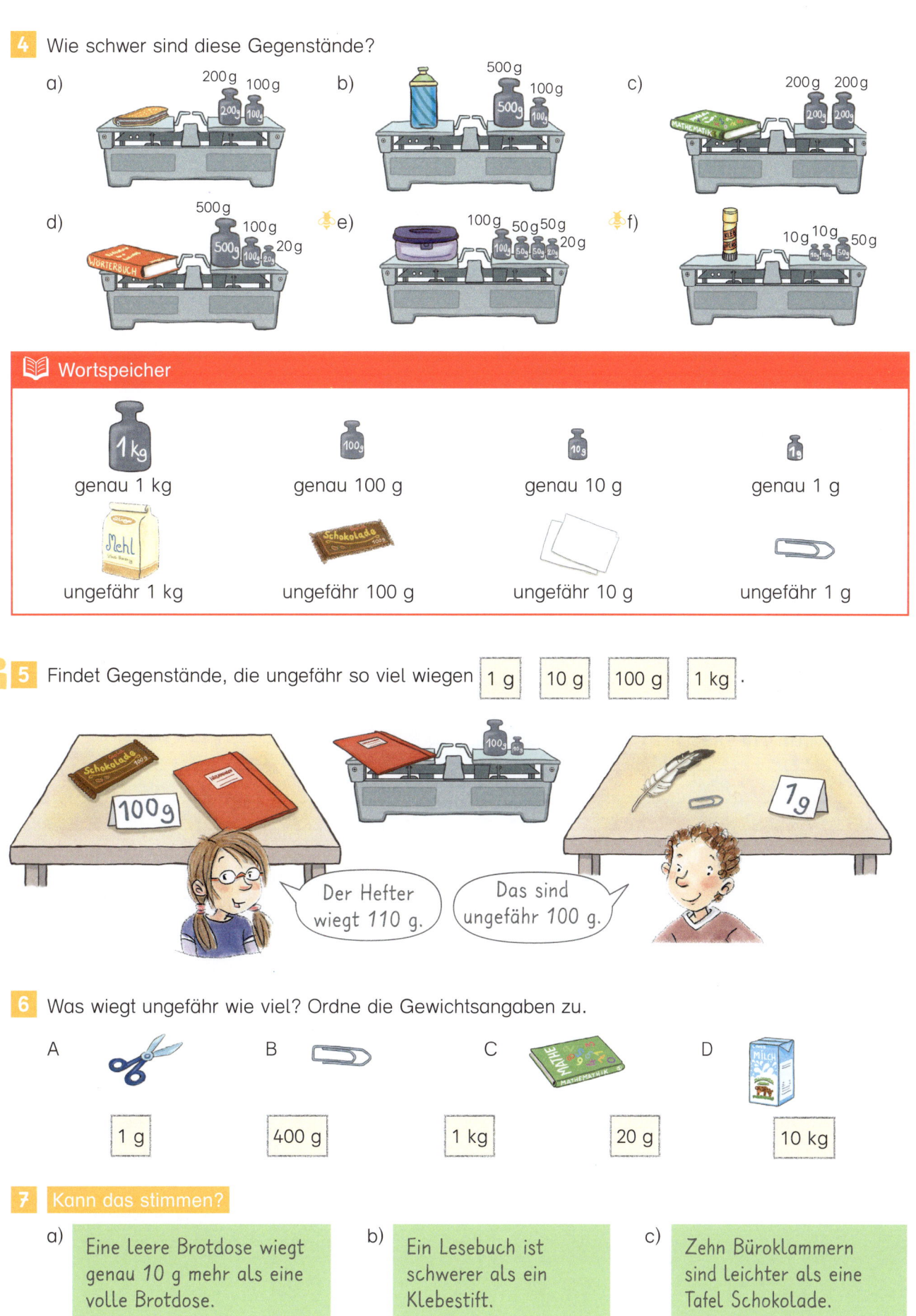

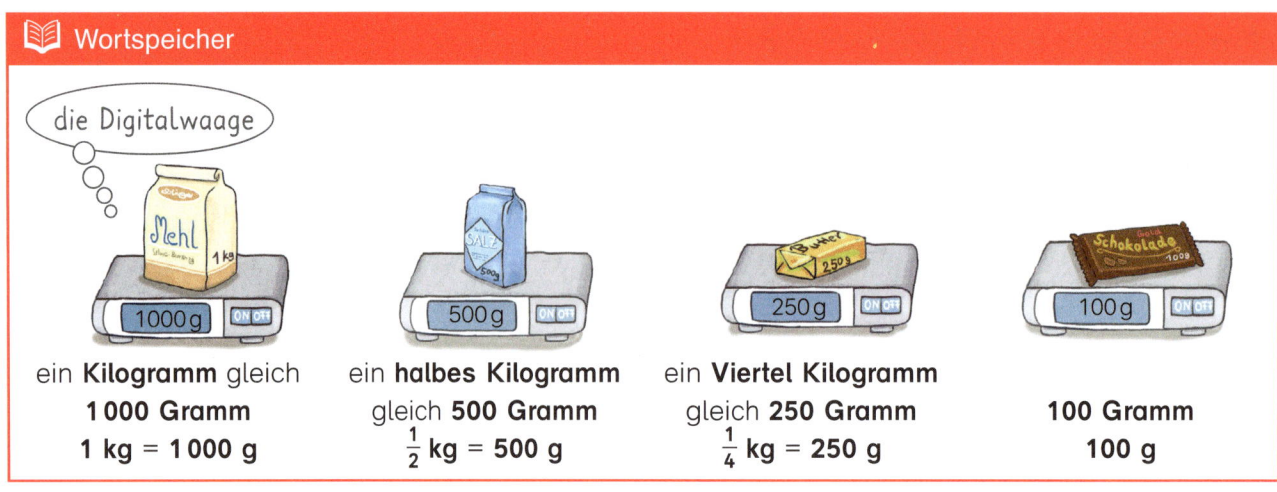

📖 Wortspeicher

die Digitalwaage

ein **Kilogramm** gleich
1 000 Gramm
1 kg = 1 000 g

ein **halbes Kilogramm**
gleich **500 Gramm**
$\frac{1}{2}$ **kg = 500 g**

ein **Viertel Kilogramm**
gleich **250 Gramm**
$\frac{1}{4}$ **kg = 250 g**

100 Gramm
100 g

Rezept für 10 Waffeln

250 g	Butter
100 g	Zucker
3	Päckchen Vanillezucker
8	Eier
1	Päckchen Backpulver
500 g	Buttermilch
500 g	Mehl

Serviere die Waffeln mit Puderzucker.

1 Stimmt oder stimmt nicht? Begründet.

a) Für 10 Waffeln braucht man $\frac{1}{4}$ kg Butter.

b) 1 kg Mehl wird für 10 Waffeln benötigt.

c) Für 5 Waffeln braucht man 8 Eier.

d) $\frac{1}{2}$ kg Butter reicht für 30 Waffeln.

e) Für 10 Waffeln braucht man mehr als $\frac{1}{2}$ kg Buttermilch.

2 Ali und Tim haben Waffeln gebacken. Alle Packungen waren voll.
Wie viel Gramm Mehl, Butter, Zucker und Buttermilch verbrauchten sie für die Waffeln?

A    B    C 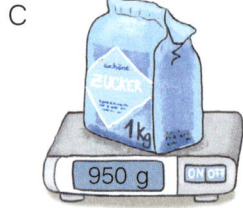   D

3 Wie viel Gramm fehlen bis zu 1 kg?

a) 750 g   b) 500 g   c) 980 g   d) 976 g   e) 400 g   f) 360 g

a)	7 5 0 g +		= 1 0 0 0 g			

g) 355 g   h) 240 g   i) 179 g   j) 25 g

4 Welches Zeichen passt? < = >

a) 100 g ◯ $\frac{1}{2}$ kg
150 g ◯ $\frac{1}{2}$ kg
250 g ◯ $\frac{1}{2}$ kg
700 g ◯ $\frac{1}{2}$ kg

b) 700 g ◯ 1 kg
450 g ◯ $\frac{1}{2}$ kg
600 g ◯ $\frac{1}{2}$ kg
1000 g ◯ 1 kg

c) 1 kg ◯ 500 g
$\frac{1}{2}$ kg ◯ 505 g
1 kg ◯ 980 g
$\frac{1}{2}$ kg ◯ 498 g

d) 2 kg ◯ 2 000 g
1 $\frac{1}{2}$ kg ◯ 1 500 g
2 $\frac{1}{2}$ kg ◯ 3 000 g
10 kg ◯ 900 g

64

1 Ergänzt die Tabelle.

Wir wiegen zusammen 68 kg und sind gleich schwer.

Ich wiege 2 kg weniger als Nele.

Alex ist genauso schwer wie Nele.

Zusammen wiegen wir 53 kg.

Klasse 3 a	
	Gewicht
Irem	26 kg
Alex	kg
Anna	kg
Nele	25 kg
Lisa	kg
Sina	36 kg
Nico	35 kg
Luna	kg
Malte	kg

a) Wer ist am schwersten?

b) Wer ist am leichtesten?

c) Wie schwer sind alle Kinder der Klasse 3 a ungefähr zusammen? Überschlagt.

2 Vergleicht eure Schultaschen.

a) Wer hat die schwerste Schultasche der Klasse?

b) Wer hat die leichteste?

c) Wer hat die schwerste leere Schultasche?

d) Wer hat die leichteste leere Schultasche?

Ich wiege 31 kg, also ungefähr 30 kg.

30 kg : 10 = 3 kg Deine Schultasche sollte nicht mehr als 3 kg wiegen

3

Mach mit – jeden Tag Schultaschen TÜV

Höchst- gewicht deiner Schultasche _____ kg

Unsere Schulärztin sagt:

„Die Schultasche darf nicht zu schwer sein! Sie soll nicht schwerer sein als der **zehnte Teil** deines Gewichts."

- Wie schwer bist du? Runde auf eine Zehnerzahl.
- Wie schwer darf deine Schultasche ungefähr sein? Teile dein ungefähres Gewicht durch 10.

4 Wie schwer darf die Schultasche ungefähr sein?

a) Marie wiegt 19 kg.

b) Lukas wiegt 22 kg.

c) Paul wiegt 27 kg.

d) Leon wiegt 33 kg.

e) Sophie wiegt 36 kg.

f) Leonie wiegt 20 kg.

5

a)	b)	c)	d)	e)
548 – 30	560 – 35	857 – 44	684 – 230	792 – 570
548 – 38	560 – 25	857 – 36	684 – 235	308 – 250
548 – 48	560 – 55	857 – 62	684 – 352	577 – 305
548 – 51	560 – 65	857 – 78	684 – 543	605 – 408

◄ 43 58 141 197 222 272 332 449 454 495 497 500 505 510 518 525 535 779 795 813 821

1

2 Äpfel wiegen 600 g
Also wiegt 1 Apfel …

2 Becher wiegen soviel wie
8 Würfel. Also wiegt
1 Becher soviel wie …

2 Knobeln Die Waagen sind im Gleichgewicht. Wie viel wiegt jeweils eine Kugel?

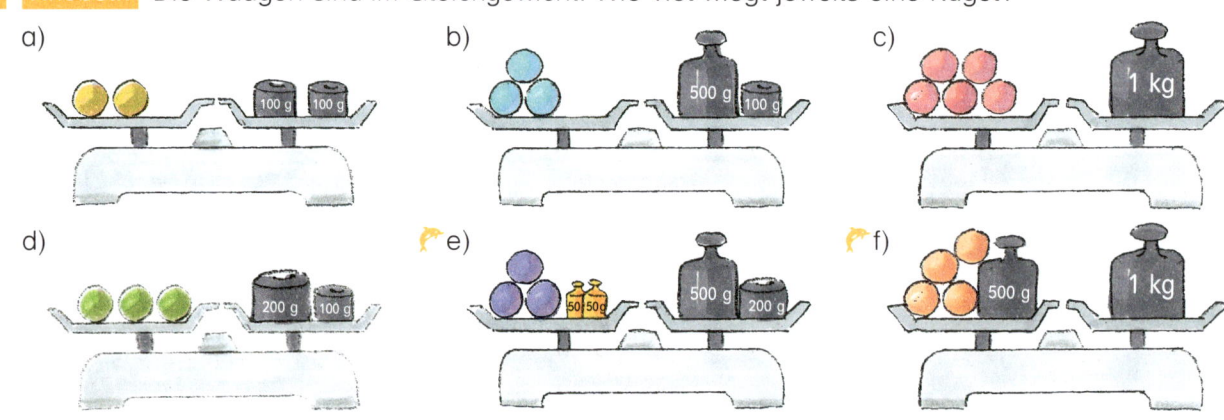

a)   b)   c)

d)   e)   f)

3 Knobeln Die Waage ist im Gleichgewicht. Ulla nimmt eine Kugel von der Waage.

Wie viele Würfel muss sie wegnehmen damit die Waage
wieder im Gleichgewicht ist?

4 Kugeln wiegen soviel wie ▆ Würfel.
Also wiegt 1 Kugel soviel wie …

4 Knobeln Wie viel wiegt der Würfel?

2 Kugeln wiegen …
Also wiegt 1 Kugel …

5 Kilogramm oder Gramm?

a) Büroklammer: 1 ▆

b) Lesebuch: 400 ▆

c) Hund: 13 ▆

d) Schulkind: 28 ▆

e) Maus: 20 ▆

f) Ranzen: 3 ▆

6 Kann das stimmen?

a) 50 Gummibärchen wiegen etwa 100 g. 100 Gummibärchen wiegen etwa 1 kg.

b) Ein Schulkind ist leichter als ein Elefant.

c) Ein Kilogramm Federn ist leichter als 1 kg Steine.

Sachrechnen – Tiere

Tipp 1: Lesen und erzählen

Tipp 2: Wichtige Daten

Tipp 4: Hilfsmittel verwenden Tabelle anlegen

Ein Gorillababy wiegt bei der Geburt etwa 2 kg.
Ein ausgewachsenes Gorillaweibchen wiegt etwa 80 kg.
Ein Gorillamännchen kann sogar ein Gewicht von 250 kg erreichen.
Pro Tag fressen Gorillamännchen ungefähr 25 kg Pflanzennahrung.

1 Welche Aufgabe passt? Rechnet und antwortet.

a) Wie viel Kilogramm schwerer ist das Gorillaweibchen als das Gorillababy?

  A   80 kg − 25 kg

  B   80 kg − 2 kg

  C 250 kg − 80 kg

b) Wie viel Kilogramm leichter ist das Gorillaweibchen als das Gorillamännchen?

  A 250 kg − 2 kg

  B   80 kg − 25 kg

  C 250 kg − 80 kg

2 a) Wie viel Kilogramm Nahrung frisst ein Gorillamännchen in acht Tagen? Lege dazu eine Tabelle an.

Tage	Nahrung in kg
1	
2	
4	
8	

b) Wie viel Kilogramm Nahrung fressen drei Gorillas in zwölf Tagen? Lege dazu eine Tabelle an.

Tage	Nahrung in kg
1	
2	
10	
12	

3 a) Findet Informationen zu einem anderen Tier. Ergänzt die Lücken.

Ein   baby wiegt bei der Geburt etwa   .

Ein   weibchen wiegt ungefähr   .

Ein   männchen wiegt etwa   .

Pro Tag fressen   Tiere ungefähr   Nahrung.

b) Findet Fragen zu eurem Text und gebt sie zum Rechnen und Antworten weiter.

AH 42–43 FÖ 54   Tipps nutzen. **3** Informationen im Internet oder in Sachbüchern nutzen.
FO 42

67

1 Vergrößere. Zeichne jede Linie doppelt so lang in dein Heft.

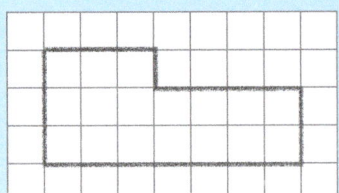

2 Schreibe untereinander. Addiere schriftlich im Heft.

a) 231 + 448   b) 705 + 220   c) 423 + 94   d) 606 + 157

3 Die Kinder der Klasse 3a wurden nach ihrem Haustier befragt.

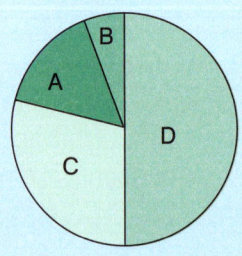

Die wenigsten Kinder haben eine Katze.
Die Hälfte der Kinder hat einen Hamster.
Es haben mehr Kinder einen Hund als einen Vogel.

A:

B:

C:

D:

4 Wie schwer sind die Gegenstände?

a)
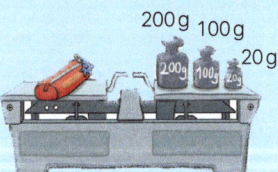

b)
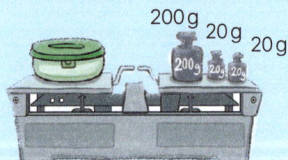

5 Was wiegt ungefähr wie viel? Ordne die Gewichtsangaben zu.

A   B   C   D

   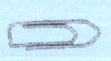      

28 kg   100 g   1 kg   1 g

Zuerst Aufgaben lösen, dann selbst einschätzen.
Auf der Basis der Selbsteinschätzung gemeinsam mit dem Kind individuelle Lernziele formulieren.
Kopiervorlage nutzen (KV im Lehrermaterial) oder Aufgaben ins Heft schreiben.

Schriftlich subtrahieren – Zwei Verfahren

1 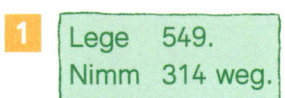 Lege 549.
Nimm 314 weg.

549 – 314

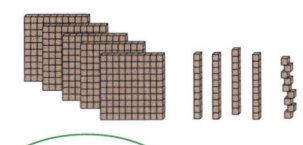

 9 Einer minus 4 Einer gleich 5 Einer

Abziehen
ziehe ab

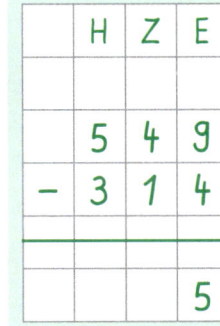

H	Z	E
5	4	9
− 3	1	4
		5

oder

Ergänzen
ergänze

H	Z	E
5	4	9
− 3	1	4
		5

 4 Einer plus 5 Einer gleich 9 Einer

2 Subtrahiere. Beginne bei den Einern. Ziehe ab **oder** ergänze.

a)
H	Z	E
9	5	4
− 4	3	1

b)
H	Z	E
8	6	7
− 4	2	6

c)
H	Z	E
4	5	3
− 4	1	0

d)
H	Z	E
3	6	3
− 2	3	0

e)
H	Z	E
7	6	8
− 3	4	1

f)
H	Z	E
8	7	5
−	5	2

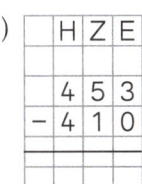

📖 Wortspeicher

Schriftlich subtrahieren Abziehen

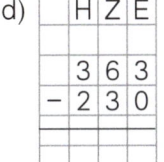

H	Z	E
8	5	6
− 3	2	4
5	3	2

 6 minus 4 gleich 2

Subtrahiere zuerst die **Einer**,
dann die **Zehner**,
dann die **Hunderter**.

📖 Wortspeicher

Schriftlich subtrahieren Ergänzen

H	Z	E
8	5	6
− 3	2	4
5	3	2

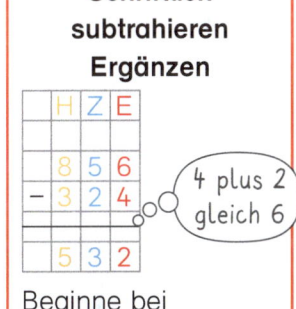 4 plus 2 gleich 6

Beginne bei den **Einern**,
dann die **Zehner**,
dann die **Hunderter**.

3 a)
3	8	2
− 1	6	1

b)
4	5	3
− 2	3	2

c)
5	7	9
− 3	4	6

4 a)
3	5	4
− 1	3	2

b)
4	8	5
− 2	4	3

c)
7	9	8
− 3	7	4

d)
9	7	6
− 5	4	1

🐝 e)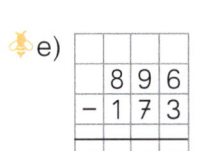
8	9	6
− 1	7	3

🐝 f)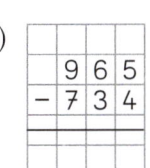
9	6	5
− 7	3	4

5 Schreibe untereinander. Subtrahiere schriftlich.

a) 486 – 134
597 – 243
678 – 350

b) 376 – 52
853 – 630
564 – 203

c) 907 – 703
178 – 56
842 – 121

🐝 d) 764 – 540
299 – 78
458 – 326

🐝 e) 698 – 215
475 – 324
287 – 25

◄ 122 132 151 204 221 223 224 262 324 328 352 354 361 483 717 721

AH 44 FÖ 55–56 Wortspeicher nutzen. Alle Aufgaben ohne Übertrag.
FI9 35–39 **1** Links: Abziehverfahren (auf Seite 70 weiterarbeiten). Rechts: Ergänzungsverfahren (auf Seite 71 weiterarbeiten).

 Entweder nach dem **Abziehverfahren**

📖 **Wortspeicher**

Schriftlich subtrahieren – Abziehen

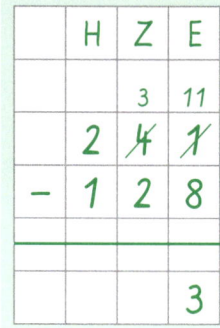

1 Einer **minus 8** Einer geht nicht!

Tausche *1* **Zehner** gegen **10 Einer.**

11 – 8 = 3

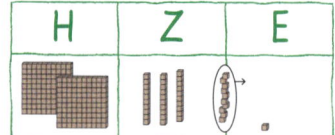

---

1 a)
```
    4 10
  8 5 0
- 3 2 9
```
b)
```
  6 7 0
- 2 6 8
```
c)
```
  7 4 1
- 5 2 8
```
d)
```
  5 9 2
- 1 4 6
```
🐝 e)
```
  4 7 3
- 3 5 4
```
🐝 f)
```
  9 8 4
- 6 3 7
```

◄ 119 213 347 402 446 521 522

---

2 a)
```
  9 6 0
- 4 1 9
```
b)
```
  4 7 1
- 1 3 7
```
c)
```
  7 5 2
- 3 2 8
```
d)
```
  8 7 0
- 2 3 5
```
🐝 e)
```
  6 8 3
- 4 5 6
```
🐝 f)
```
  5 5 5
- 3 0 7
```

◄ 227 248 334 424 425 541 635

---

3 a)
```
  7 5 4
-   9 2
```
b)
```
  7 7 9
-   8 6
```
c)
```
  4 6 7
- 1 0 7
```
d)
```
  4 3 5
-   5 4
```
🐝 e)
```
  5 3 4
- 3 6 0
```
🐝 f)
```
  7 2 6
- 4 0 2
```

◄ 174 324 360 381 662 693 694

---

4 Schreibe untereinander. Subtrahiere schriftlich.

a) 536 – 290
725 – 480
944 – 370

b) 853 – 783
648 – 175
376 – 292

c) 947 – 253
415 – 162
828 – 536

🐝 d) 765 – 372
537 – 242
463 – 181

🐝 e) 836 – 643
917 – 84
675 – 483

◄ 70 84 188 192 193 245 246 253 282 292 295 393 473 574 694 833

---

5 a) 573 – 284
862 – 79
463 – 178

b) 788 – 397
564 – 176
676 – 588

c) 448 – 269
835 – 96
675 – 286

🐬 d) 1327 – 158
1416 – 79
1518 – 289

🐬 e) 1913 – 786
1627 – 342
1848 – 579

◄ 88 179 285 289 328 388 389 391 739 783 1127 1169 1229 1269 1285 1337

Wortspeicher nutzen.
Entweder diese Seite (Abziehverfahren mit Entbündeln)
oder die nächste Seite (Ergänzungsverfahren mit Erweitern) nutzen.

AH 45 FÖ 57–58
FO 43 FI9 42–46

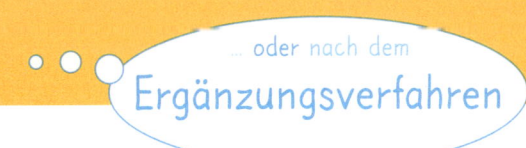

... oder nach dem **Ergänzungsverfahren**

📖 **Wortspeicher**

Schriftlich subtrahieren – Ergänzen

H	Z	E
		10
2	4	1
– 1	2	8
	1	
		3

8 Einer **+** ⬛ **= 1** Einer geht nicht!

Deshalb oben 10 Einer dazu …

Dafür unten 1 Zehner mehr.

8 plus **3** gleich **11**.

1

a)
```
    10
  5 7 1
– 2 3 9
───────
    1
```

b)
```
  7 6 2
– 3 4 9
───────
```

c)
```
  2 8 2
– 1 3 8
───────
```

d)
```
  3 5 1
– 1 4 8
───────
```

🐝 e)
```
  2 9 1
– 2 5 7
───────
```

🐝 f)
```
  9 7 3
– 1 2 7
───────
```

◀ 33 34 144 203 332 413 846

2

a)
```
  7 8 1
– 3 1 6
───────
```

b)
```
  9 5 2
– 4 2 3
───────
```

c)
```
  8 6 2
– 2 3 7
───────
```

d)
```
  6 8 3
– 3 5 4
───────
```

🐝 e)
```
  5 8 1
– 2 2 6
───────
```

🐝 f)
```
  7 9 2
– 4 8 6
───────
```

◀ 306 329 330 355 465 529 625

3

a)
```
  7 2 9
–   7 1
───────
```

b)
```
  9 1 6
–   9 2
───────
```

c)
```
  6 1 3
–   8 3
───────
```

d)
```
  7 2 6
–   7 2
───────
```

🐝 e)
```
  9 4 8
– 4 8 0
───────
```

🐝 f)
```
  8 6 7
– 2 9 0
───────
```

◀ 468 530 531 577 654 658 824

---

4 Schreibe untereinander. Subtrahiere schriftlich.

a)	b)	c)	🐝 d)	🐝 e)
483 – 290	528 – 183	827 – 352	953 – 470	245 – 81
777 – 380	917 – 655	638 – 478	416 – 122	826 – 191
845 – 460	614 – 371	316 – 142	754 – 83	568 – 277

◀ 160 164 174 193 243 262 291 294 345 385 397 475 483 511 635 671

5

a)	b)	c)	🐝 d)	🐬 e)
483 – 194	673 – 287	348 – 169	528 – 169	1888 – 466
952 – 68	781 – 295	836 – 78	316 – 78	1577 – 269
572 – 197	782 – 598	764 – 386	637 – 378	1777 – 599

◀ 179 184 185 238 259 289 359 375 378 386 486 758 884 1178 1308 1422

AH 45 FÖ 57–58 Wortspeicher nutzen.
FO 43 FI 9 42–46 **Entweder** diese Seite (Ergänzungsverfahren mit Erweitern) **oder**
die vorherige Seite (Abziehverfahren mit Entbündeln) nutzen.

Ich rechne die Probe mit der Minusaufgabe. Wenn die Aufgabe richtig gelöst ist, stimmen diese Zahlen überein.

Ich rechne die Probe mit der Plusaufgabe. Wenn die Aufgabe richtig gelöst ist, stimmen diese Zahlen überein.

Stimmt das?

```
  843          843          621
- 222        - 621        + 222
  621          222          843
```

1 Vier Kinder haben falsch gerechnet. Überprüft mit einer Probe.

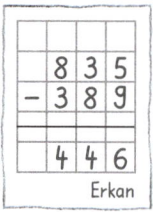
```
  8 3 5
- 3 8 9
  4 4 6
```
Erkan

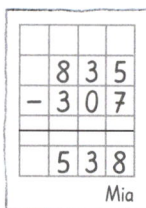
```
  8 3 5
- 3 0 7
  5 3 8
```
Mia

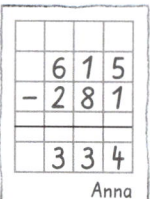
```
  6 1 5
- 2 8 1
  3 3 4
```
Anna

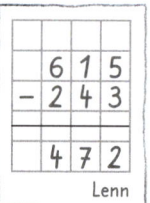
```
  6 1 5
- 2 4 3
  4 7 2
```
Lenn

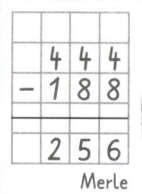
```
  4 4 4
- 1 8 8
  2 5 6
```
Merle

```
  7 4 8
- 6 5 9
    8 9
```
Moritz

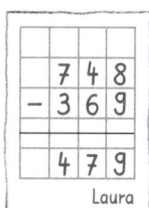
```
  7 4 8
- 3 6 9
  4 7 9
```
Laura

```
  9 5 3
- 5 7 1
  3 8 2
```
Marie

```
  9 5 3
- 5 3 6
  4 2 7
```
Paul

```
  4 4 4
- 1 9 9
  2 4 5
```
Rico

2 So überprüft Anna ihre Lösung. Erklärt.

```
  7 1 1      Ü:  7 0 0 - 4 0 0 = 3 0 0
- 3 8 7
  3 2 4
```

Ich überprüfe mit einem Überschlag. Das Ergebnis kann stimmen.

Vier Kinder haben falsch gerechnet. Überprüft mit dem Überschlag.

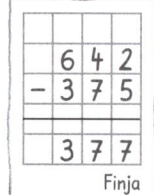
```
  6 4 2
- 3 7 5
  3 7 7
```
Finja

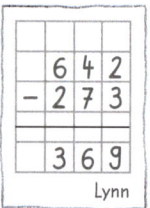
```
  6 4 2
- 2 7 3
  3 6 9
```
Lynn

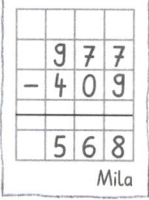
```
  9 7 7
- 4 0 9
  5 6 8
```
Mila

```
  9 7 7
- 5 8 9
  4 9 8
```
Lenja

```
  5 5 5
- 3 7 7
  2 8 8
```
Mick

```
  9 2 2
- 5 4 4
  3 7 8
```
Tuna

```
  9 2 2
- 6 3 3
  2 8 9
```
Merle

```
  8 5 2
- 5 6 6
  2 8 6
```
Leni

```
  8 5 2
- 4 6 6
  4 9 8
```
Ronja

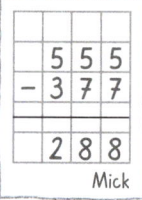
```
  5 5 5
- 2 6 6
  2 8 9
```
Eyül

1 Die verschiedenen Proben diskutieren und bewerten. 2 Die verschiedenen Überschläge diskutieren.

AH 46 FÖ 59
FO 44

Schriftlich subtrahieren

1 Hier musst du zweimal tauschen.

ziehe ab

5 E – 8 E geht nicht.
Tausche 1 Z gegen 10 Einer

Es sind 0 Z, deshalb
tausche 1 Hunderter in 10 Zehner.
Dann tausche 1 Zehner in 10 Einer.

Es sind 9 Z und 15 E.
15 E – 8 E = 7 E

305 – 138

oder

ergänze

8 plus 7
gleich 15

2
a) 305 − 139
b) 506 − 237
c) 705 − 428
d) 907 − 518
e) 806 − 437
f) 406 − 129
g) 508 − 349

3 Hier musst du zweimal tauschen.

ziehe ab

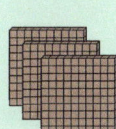

0 E – 4 E geht nicht.

Es sind 0 Z, deshalb
tausche 1 Hunderter in 10 Zehner.
Dann tausche 1 Zehner in 10 Einer.

Es sind 9 Z und 10 E.
10 E – 4 E = 6 E

300 – 154

oder

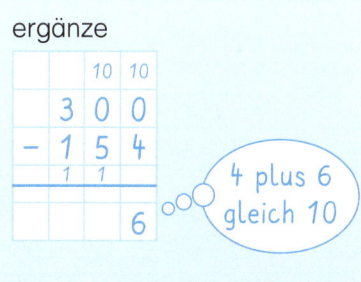
ergänze

4 plus 6
gleich 10

4
a) 800 − 215
b) 500 − 378
c) 700 − 505
d) 900 − 847
e) 700 − 608
f) 800 − 333
g) 600 − 325

5 Hier musst du dreimal tauschen.

ziehe ab

0 E – 8 E geht nicht.

Tausche Hunderter, Zehner
und Einer.

Es sind 9 H, 9 Z und 10 E.
10 E – 8 E = 2 E

1000 − 368

oder

ergänze

8 plus 2
gleich 10

6
a) 1000 − 406
b) 1000 − 217
c) 1000 − 114
d) 1000 − 555
e) 1000 − 444
f) 1000 − 206
g) 1000 − 907

AH 47 FÖ 59 Entscheiden, welches Verfahren genutzt wird.
FO 44–45 Abziehverfahren mit Material darstellen.

73

1 Welche Ziffern fehlen?

a)
```
  ■ 9 3
-   2 6 2
─────────
    5 3 1
```

b)
```
  ■ ■ 3
-   1 5 2
─────────
    7 4 1
```

c)
```
  ■ ■ ■
-   5 3 4
─────────
    2 1 3
```

d)
```
  9 ■ 0
-   ■ 4 3
─────────
    7 2 7
```

e)
```
  6 5 6
-   ■ ■ 5
─────────
    1 1 1
```

f)
```
  7 8 7
-   ■ ■ ■
─────────
    2 5 0
```

g)
```
  7 6 ■
-   5 4 3
─────────
    2 1 8
```

h)
```
  9 5 ■
-   4 3 6
─────────
    5 1 4
```

i)
```
  ■ ■ ■
-   5 4 1
─────────
    2 7 1
```

j)
```
  4 5 0
-   2 0 ■
─────────
    2 4 7
```

k)
```
  7 3 0
-   ■ ■ ■
─────────
    6 2 8
```

l)
```
  4 2 6
-   ■ ■ ■
─────────
    2 3 4
```

2 Erkennt ihr die Muster? Setzt die Muster im Heft fort und rechnet.

a)
```
  6 7 9      6 7 9      6 7 9      6 7 9
- 1 2 3    - 2 3 4    - 3 4 5    - 4 5 6    -
```

b)
```
  9 7 8      8 6 7      7 5 6      6 4 5
- 7 8 6    - 6 7 5    - 5 6 4    - 4 5 3    -
```

3 die Rechenkonferenz

```
405 – 397
```

Im Kopf
oder schriftlich?

$397 + \blacksquare = 405$

Ella   Levin

```
  405
- 397
─────
    8
```

4 Überlege immer zuerst, ob du **im Kopf** oder **schriftlich** rechnen willst.

a)	b)	c)	d)	e)
406 – 399	846 – 378	631 – 429	957 – 130	1003 – 997
505 – 278	302 – 299	307 – 290	424 – 178	1027 – 987
782 – 752	573 – 523	575 – 397	606 – 595	1036 – 758
901 – 537	706 – 389	801 – 798	388 – 148	1205 – 602
802 – 782	602 – 247	823 – 592	503 – 495	1120 – 920

0   3   3   6   7   8   11   17   20   30   40   50   178   200   202   227   231   240   246   278   317   355   364   468   603   827

5 Subtrahiere schriftlich oder im Kopf.
Bei einigen Aufgaben kannst du einen Rechenvorteil nutzen.

a)	b)	c)	d)	e)
547 – 99 ○○ (547 – 100 + 1)		465 – 399	856 – 568	1016 – 99
547 – 199	634 – 198	465 – 286	673 – 298	1200 – 198
547 – 299	634 – 457	465 – 198	527 – 99	1546 – 387
547 – 388	634 – 99	465 – 99	752 – 199	2000 – 299

66   87   159   177   179   248   267   288   348   366   375   428   436   448   535   553   917   1002   1159   1701

3 Eigene Wege zulassen. **3** bis **5** Feststellen, dass manche Aufgaben schneller im Kopf gelöst werden können.

AH 48
FO 46

Längen – Kilometer und Meter

"Von der Schule bis hierher sind es 1000 Meter."

"Das ist 1 Kilometer."

"Womit kann man das messen?"

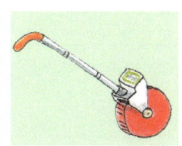
das Messrad

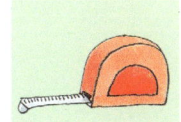
das Bandmaß

der Kilometerzähler

die 100 m Schnur

die Schritte

1 Messt gemeinsam von eurer Schule aus 1 km. Vermutet vorher, bis wohin ihr kommt.

2 a) Wie weit wohnst du von deiner Schule entfernt?

"Ich suche im Internet."

"Ich gehe die Strecke mit Schritten ab."

👥 b) Legt eine Tabelle an.
Notiert, wie weit die Kinder der Klasse von der Schule entfernt wohnen.
Wer wohnt am weitesten entfernt?

3 Für einen Kilometer braucht ein Schulkind zu Fuß etwa 20 Minuten.
Wie lange braucht ein Schulkind ungefähr für diese Schulwege?

a) 2 km   b) 3 km   c) $\frac{1}{2}$ km   d) 250 m   🐬 e) $1\frac{1}{2}$ km

4 Wie weit ist der Schulweg dieser Kinder ungefähr?

a) Leon braucht 20 Minuten.   b) Lena geht 10 Minuten.   c) Ahmet geht 5 Minuten.
d) Sara braucht 2 Minuten.   🐬 e) Janik braucht 25 Minuten.   🐬 f) Lenja braucht 15 Minuten.

5 Wie viel Meter fehlen bis zu 1 km?

a) 750 m	b) 530 m	c) 120 m
950 m	535 m	0 m
250 m	565 m	15 m

a) 7 5 0 m +   m = 1 0 0 0 m

6 Wie viel Meter fehlen bis zu $\frac{1}{2}$ km?

a) 350 m	b) 280 m	c) 187 m
150 m	285 m	236 m
450 m	140 m	399 m

a) 3 5 0 m +   m = 5 0 0 m

AH 49   FÖ 60   Wortspeicher nutzen.
FO 47

75

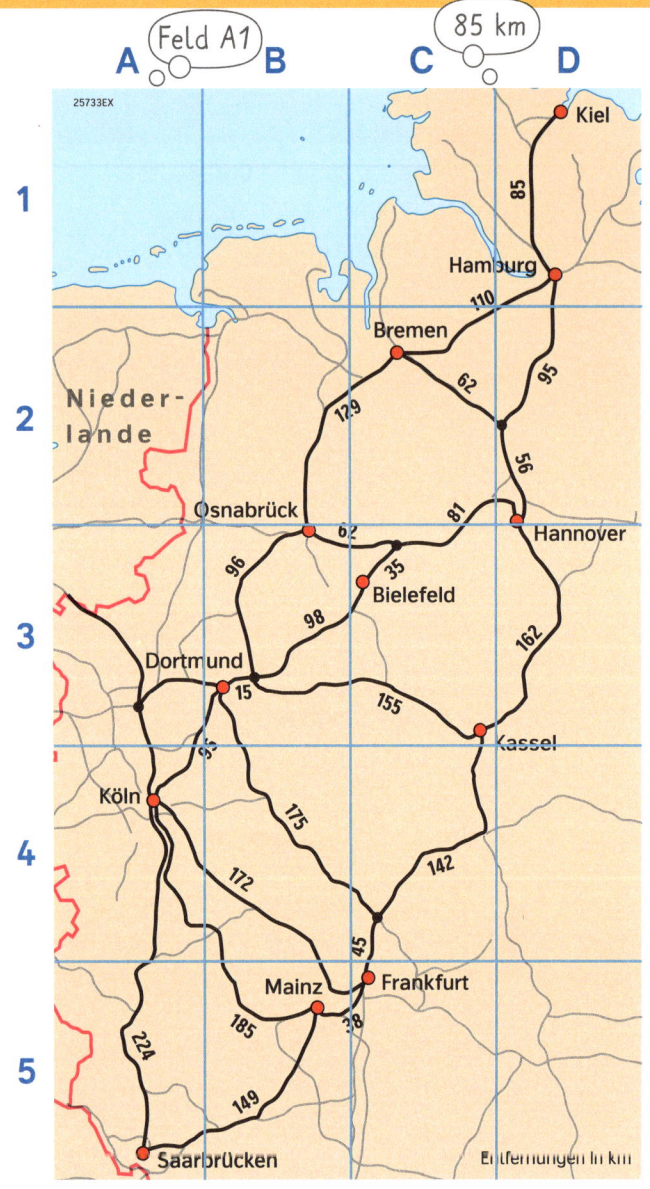

1 Köln liegt im Feld **A4**. In welchen Feldern liegen folgende Städte?

a) Saarbrücken

a)	Saarbrücken	A 5

b) Mainz

c) Dortmund
g) Bielefeld

d) Bremen
h) Frankfurt

e) Hamburg
i) Osnabrück

f) Kassel
j) Hannover

2 In welchem Feld liegt dein Wohnort?

3 Wohin geht die Fahrt?

Anna fährt
nach Kiel oder Hamburg

4 Welche Städte liegen an der Wegstrecke? Finde jeweils zwei verschiedene Wege.

a) Frau Schröder startet in Dortmund und will nach Bremen fahren.
Schreibe die Städte auf, durch die sie fährt.

a)	Weg 1:	Dortmund, Bielefeld,
	Weg 2:	Dortmund,

b) Herr Schäfer muss von Hamburg nach Frankfurt fahren.

c) Herr Larke fährt von Frankfurt nach Bremen.

d) Frau Sandmann will von Köln nach Hamburg fahren.
In Kassel muss sie noch eine Freundin abholen.

5 Knobeln

a) Die Klasse 3a fährt von Osnabrück 239 km in die Jugendherberge „Schöne Aussicht".
Wo liegt die Jugendherberge?

b) Die Klasse 3b fährt von Osnabrück 97 km in die Jugendherberge „Zur Burg".
Wo liegt die Jugendherberge?

6 Rechne schriftlich oder im Kopf.

a) 172 + 50	b) 158 + 80	c) 181 + 15	d) 286 + 23	e) 85 + 903
185 + 40	156 + 9	95 + 107	373 + 15	723 + 205
223 + 90	156 + 120	205 + 82	782 + 16	325 + 72

AH 49 FÖ 60
FO 47 FI10 29

7

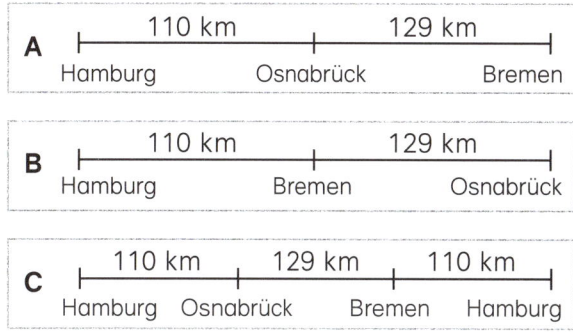

Welche Skizze passt? Berechne die Länge der Strecke.

A	110 km	129 km
	Hamburg Osnabrück Bremen	

B	110 km	129 km
	Hamburg Bremen Osnabrück	

C	110 km	129 km	110 km
	Hamburg Osnabrück Bremen Hamburg		

8 Welche Skizze passt? Berechne jeweils die Länge der Strecke.

Wir fahren von
Köln nach Frankfurt.
Und dann noch weiter.

Familie Schäfer

Wir fahren von Köln
nach Frankfurt
und zurück.

Familie Müller

Wir starten in Köln
und fahren heute
nicht mehr als 100 km.

Familie Demirkan

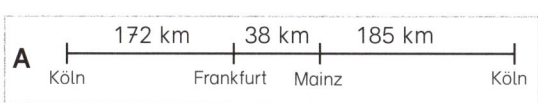

A 172 km   38 km   185 km
Köln   Frankfurt Mainz   Köln

B 95 km
Köln   Dortmund

C 172 km   38 km
Köln   Frankfurt Mainz

9 Familie Erdmann fährt am Wochenende von Frankfurt über Köln nach Dortmund.
Zeichne eine Skizze und berechne die Strecke.

 **10** a) Findet eine weitere Autobahngeschichte.
Ergänzt die Lücken sinnvoll.

Familie ▢▢▢ fährt am Wochenende von ▢▢▢ aus los.

Sie fährt nach ▢▢▢ über ▢▢▢.

Auf dem Rückweg besucht sie noch Freunde in ▢▢▢

b) Zeichnet eine Skizze und berechnet die Strecke.

11 Wie lang ist jeweils die kürzeste Strecke?
a) von Hamburg nach Bielefeld   b) von Köln nach Bremen   c) von Frankfurt nach Osnabrück
🐝d) von Bremen nach Kassel   🐝e) von Dortmund nach Mainz   🐝f) von Kassel nach Köln
🐝g) von Bremen nach Frankfurt   🐝h) von Bielefeld nach Kiel   🐝i) von Osnabrück nach Kassel

 12 [Knobeln]   Ist es möglich, alle Städte auf unserer Autobahnkarte auf **einem** Weg zu besuchen,
ohne durch eine Stadt zweimal zu fahren?

AH 49   FÖ 60   **10** Offene Aufgabe.
FO 47

77

Das waren 172 Zentimeter.

Also 1 Meter und 72 Zentimeter.

Messergebnisse	
Janik	1 m 72 cm
Nele	1 m 80 cm
Esat	2 m 15 cm
Marla	1 m 10 cm
Esra	2 m 20 cm

1 Die Kinder der Klasse 3a haben einen Weitsprungwettbewerb gemacht.
Wer hat gewonnen?
Schreibe die Reihenfolge auf.

1. Platz:
2. Platz:

2 Wie viel Zentimeter sind die Kinder gesprungen?
Schreibe in Zentimeter.

Janik: 1 m 7 2 cm = 1 7 2 cm

📖 **Wortspeicher**

1 Meter gleich **100 Zentimeter**	**ein halber Meter** gleich **50 Zentimeter**
1 m = 100 cm	$\frac{1}{2}$ **m = 50 cm**

---

3 Schreibe in Zentimeter.

a) 5 m
   8 m
   10 m

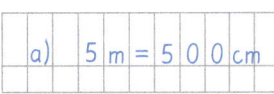
a) 5 m = 5 0 0 cm

b) 1 m 30 cm
   1 m 90 cm
   1 m 25 cm

c) 2 m 5 cm
   5 m 5 cm
   1 m 9 cm

d) $\frac{1}{2}$ m
   1 $\frac{1}{2}$ m
   2 $\frac{1}{2}$ m

🐬 e) 10 m
   10 $\frac{1}{2}$ m
   11 m

4 Schreibe in Meter.

a) 100 cm
   200 cm
   600 cm

a) 1 0 0 cm = 1 m

b) 700 cm
   0 cm
   800 cm

c) 900 cm
   400 cm
   300 cm

🐬 d) 50 cm
   850 cm
   350 cm

🐬 e) 1000 cm
   2000 cm
   3000 cm

5 Schreibe in Meter und Zentimeter.

a) 120 cm
   180 cm
   210 cm

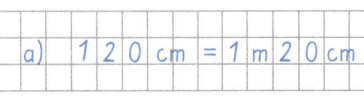
a) 1 2 0 cm = 1 m 2 0 cm

b) 285 cm
   385 cm
   885 cm

c) 83 cm
   95 cm
   70 cm

d) 598 cm
   209 cm
   801 cm

🐝 e) 305 cm
   301 cm
   415 cm

6 Wie viel Zentimeter fehlen bis zu 1 m?

a) 75 cm
   85 cm
   95 cm
   5 cm

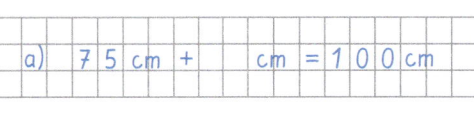
a) 7 5 cm + ___ cm = 1 0 0 cm

b) 15 cm
   12 cm
   18 cm
   21 cm

c) 19 cm
   81 cm
   7 cm
   17 cm

d) 25 cm
   43 cm
   97 cm
   1 cm

Messergebnisse – Klasse 3 b

Narin:	2 m 3 cm
Anna:	1 m 34 cm
Jan:	2 m 72 cm
Peter:	2 m 13 cm
Sara:	1 m 89 cm

Ich habe mit Komma geschrieben.

Messergebnisse – Klasse 3 b

Narin:	2,03 m
Anna:	1,34 m
Jan:	2,72 m
Peter:	2,13 m
Sara:	1,89 m

📖 **Wortspeicher**

Das Komma trennt **Meter** und **Zentimeter**.

2,15 m = **2 m 15 cm** = **215 cm**

zwei Komma eins fünf Meter | zwei Meter fünfzehn Zentimeter | zweihundertfünfzehn Zentimeter

📖 **Wortspeicher**

1000 cm = 10,00 m
100 cm = 1,00 m
10 cm = 0,10 m
1 cm = 0,01 m

1 Trage die Ergebnisse des Weitsprungs in eine Tabelle ein. Beginne mit dem weitesten Sprung.

Jan: 2 7 2 cm = 2 m 7 2 cm = 2,7 2 m

2 Schreibe in Meter und Zentimeter.

a) 0,50 m

1,00 m   a) 0,5 0 m = 0 m 5 0 cm
1,50 m
3,00 m

b) 0,75 m
1,05 m
1,35 m
2,35 m

c) 0,95 m
1,95 m
2,95 m
0,05 m

d) 10,00 m
11,50 m
12,00 m
12,25 m

🐝 e) 5,35 m
6,05 m
7,60 m
7,75 m

3 Schreibe in Zentimeter.

a) 0,50 m
0,98 m   a) 0,5 0 m = 5 0 cm
0,65 m

b) 0,02 m
0,06 m
0,08 m

c) 1,40 m
7,55 m
9,24 m

🐝 d) 0,10 m
0,05 m
1,11 m

🐬 e) 10,23 m
11,02 m
21,21 m

4 Schreibe mit Komma.

a) 2 m 50 cm
1 m 70 cm   a) 2 m 50 cm = 2,5 0 m
3 m 85 cm
10 m 93 cm

b) 5 m 3 cm
6 m 8 cm
17 m 4 cm
25 m 2 cm

c) $\frac{1}{2}$ m
5 $\frac{1}{2}$ m
6 m
6 $\frac{1}{2}$ m

🐬 d) 500 cm
383 cm
412 cm
719 cm

5 Schreibe mit Komma.

a) 5 cm
10 cm   a) 5 cm = 0,0 5 m
50 cm
100 cm

b) 200 cm
250 cm
350 cm
400 cm

c) 3 cm
30 cm
13 cm
130 cm

🐝 d) 8 cm
18 cm
180 cm
280 cm

🐬 e) 1010 cm
1001 cm
2172 cm
3850 cm

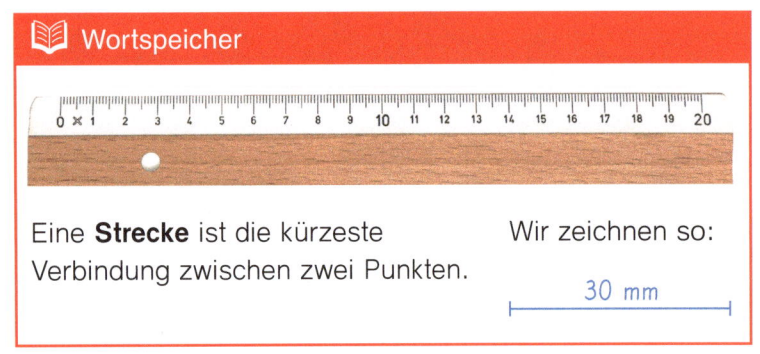

Eine **Strecke** ist die kürzeste
Verbindung zwischen zwei Punkten.

Wir zeichnen so:

30 mm

1 Zentimeter gleich **10 Millimeter**
1 cm = 10 mm

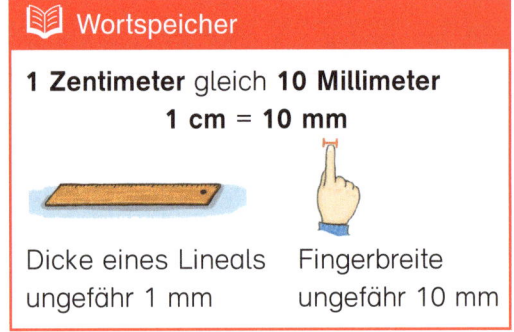

Dicke eines Lineals
ungefähr 1 mm

Fingerbreite
ungefähr 10 mm

1 Zeichne die Strecken. Setze fort bis 50 mm.

a) 5 mm 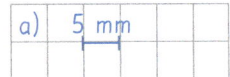   b) 10 mm   c) 15 mm   d) 20 mm   e) 25 mm

2 a) Schätze die Längen der kürzesten und der längsten Schraube. Schreibe sie auf.
b) Miss alle Längen genau und schreibe in Millimeter.
c) Vergleiche die geschätzten mit den gemessenen Längen.

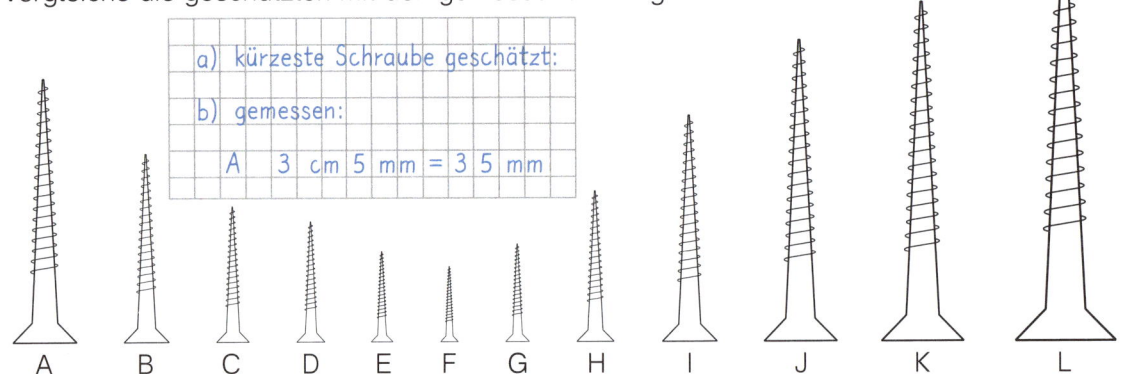

a) kürzeste Schraube geschätzt:

b) gemessen:

A   3 cm 5 mm = 3 5 mm

A   B   C   D   E   F   G   H   I   J   K   L

3 Schreibe in Zentimeter und Millimeter.

a) 18 mm   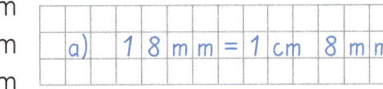   a) 1 8 m m = 1 cm 8 m m
   80 mm
   8 mm

b) 100 mm   c) 120 mm   🐝 d) 90 mm   🐝 e) 75 mm
   50 mm   12 mm   150 mm   160 mm
   25 mm   42 mm   23 mm   170 mm

4 Schreibe in Millimeter.

a) 2 cm   b) 15 cm   c) 5 cm 3 mm   🐬 d) 8 cm 8 mm   🐬 e) 10 cm 5 mm
   4 cm   22 cm   8 cm 7 mm   9 cm 9 mm   11 cm 5 mm
   8 cm   58 cm   9 cm 8 mm   10 cm 1 mm   12 cm 5 mm

5

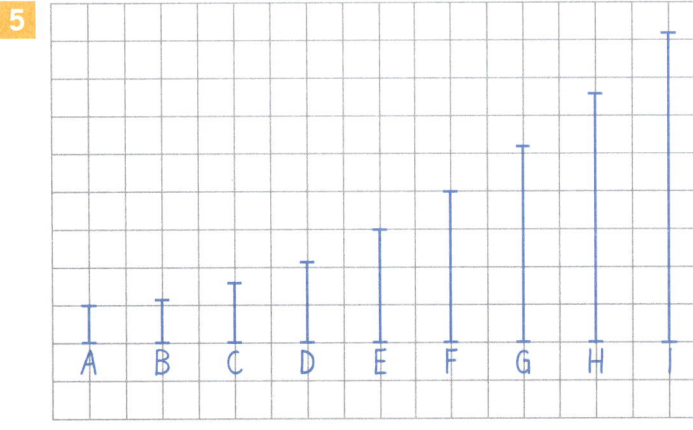

A   B   C   D   E   F   G   H   I

a) Miss die Strecken und zeichne sie
   in dein Heft.
b) Notiere die Längen.
c) Erkennst du die Regel?
   Wie lang ist die nächste Strecke?
   Setze fort.

80

Wortspeicher nutzen.   AH 52 FÖ 62
FO 49 FI 10 12–18

Längen – Rechnen mit Längen, Größenvorstellungen

1 Ordne nach der Länge.

a)
5 cm	5 mm
0,04 m	
4 cm 5 mm	45 m

b)
0,08 m	8 m 8 cm
88 mm	
880 m	8,00 m

c)
77 m	777 cm
777 mm	
0,07 m	70,00 m

2 a) Das Radiergummi ist 5 cm lang.
Schätzt, wie breit das Heft ist.
Begründet.

b) Die Strecke von Cuxhaven nach Bremen ist etwa 100 km lang. Schätzt, wie lang die Strecke zwischen Cuxhaven und Hamburg ist.
Begründet.

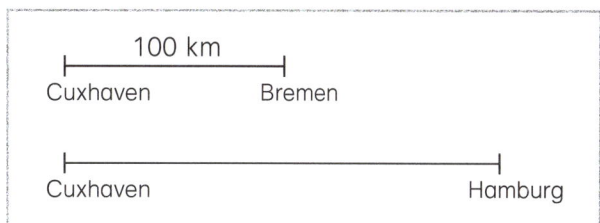

3 Kilometer, Meter, Zentimeter oder Millimeter?

a) Länge eines Autos: 4 ▯

a) Länge eines Autos: 〇〇

4 km, 4 m, 4 cm oder 4 mm?

b) Länge eines Radweges: 4 ▯

c) Dicke einer 1 € Münze: 2 ▯

d) Länge eines Fußballplatzes: 100 ▯

e) Breite einer Tür: 100 ▯

f) Höhe einer Tür: 2 ▯

g) Länge einer Schraube: 40 ▯

h) Größe eines Babys: 60 ▯

i) Länge eines Schuhs: 270 ▯

4 Welche Längen können passen?

A  B  C  D  E

160 km	1 mm	23 mm	10 m	1,27 m	13 cm

5 Knobeln

a) Marias Oma strickt einen Schal.
Jeden Tag strickt sie ein gleich langes Stück.
Nach 4 Tagen ist der Schal 1 m lang.
Wie lange muss sie noch stricken, damit der Schal 1 m 50 cm lang wird?

b) Nico strickt auch einen Schal. Jeden Tag strickt er ein gleich langes Stück.
Wenn er jeden Tag 12 cm strickt, ist der Schal in 20 Tagen fertig.
Wie viel müsste er jeden Tag stricken, damit der Schal in 10 Tagen fertig wäre?

AH 53 FÖ 63 **4** Eine überzählige Angabe.
FI10 24

81

1 Schreibe untereinander. Subtrahiere schriftlich im Heft.

a) 388 − 142   b) 493 − 102   c) 732 − 94   d) 508 − 389

2 Welche Skizze passt? Wähle aus und berechne die Länge der Strecke.

Ich fahre von Saarbrücken über Köln nach Dortmund.

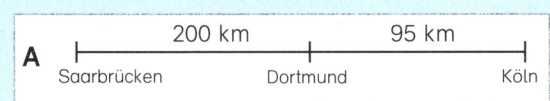

A |← 200 km →|← 95 km →|
Saarbrücken   Dortmund   Köln

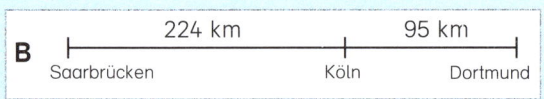

B |← 224 km →|← 95 km →|
Saarbrücken   Köln   Dortmund

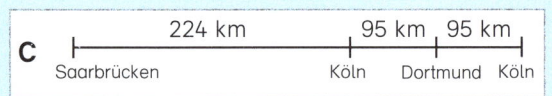

C |← 224 km →|← 95 km →|← 95 km →|
Saarbrücken   Köln   Dortmund   Köln

3 Schreibe in Zentimeter.

a)   5 m = ☐   b) 1 m 10 cm = ☐

c) 8 m 78 cm = ☐   d) 4 m 11 cm = ☐

e) 1 m 1 cm = ☐   f) 8 m 2 cm = ☐

4 Schreibe mit Komma.

a)   20 cm = ☐   b)   12 cm = ☐

c)   30 cm = ☐   d)   2 cm = ☐

e) 240 cm = ☐   f) 491 cm = ☐

5 Miss die Längen der Schrauben und schreibe in Millimeter.

A

B

C

D

E

Zuerst Aufgaben lösen, dann selbst einschätzen.
Auf der Basis der Selbsteinschätzung gemeinsam mit dem Kind individuelle Lernziele formulieren.
Kopiervorlage nutzen (KV im Lehrermaterial) oder Aufgaben ins Heft schreiben.

📖 Wortspeicher

Geometrische Körper

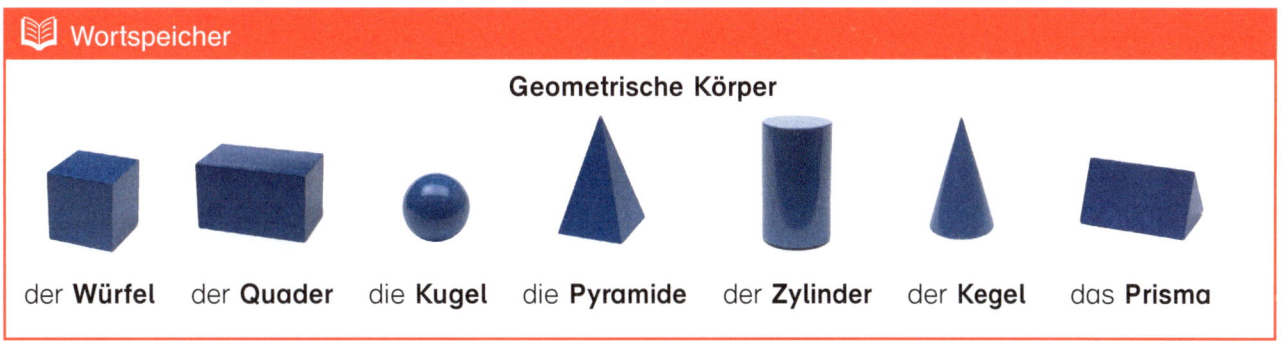

der **Würfel** der **Quader** die **Kugel** die **Pyramide** der **Zylinder** der **Kegel** das **Prisma**

1 a) Welche geometrischen Körper erkennt ihr in den Gegenständen?
b) Legt eine Liste an.

c) Sucht weitere Beispiele. Tragt sie ein.

die Schultüte

das Dach

der Globus

das Kirchturmdach

das Aquarium

die Torte

das Zelt

die Kerze

die Zettelbox

die Zahncremeschachtel

📖 Wortspeicher

der Körper

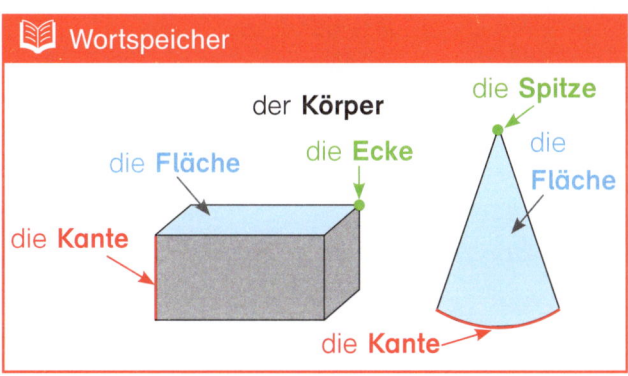

die **Spitze**
die **Ecke**
die **Fläche**
die **Kante**
die **Fläche**
die **Kante**

2 Zu welchen Körpern passen die Aussagen?

a) Er hat keine Ecken.

b) Er hat neun Kanten.

c) Er hat nur zwei Flächen.

d) Beschreibt einen geometrischen Körper.

1

Anna: Ich fühle eine Kante.

Max

Pia: Ich fühle zwei gleiche Flächen.

Was fühlen die Kinder? Welche Körper sind es?

2

der Kegel   die Kugel   die Pyramide   der Zylinder

Untersuche die Körper.

Ordne jedem Körper die passende Karte zu.

Ergänze die Namen.

A **der Quader**

Ecken	8
Kanten	12
Flächen	6

B

Ecken	6
Kanten	9
Flächen	5

C

Spitze	1
Kanten	1
Flächen	2

3 Welche Karte passt zu welchem Körper?

A Am ▮ findet man sechs Rechtecke.

B Am ▮ findet man zwei Dreiecke und drei Rechtecke.

C Am ▮ findet man zwei Kreise.

📖 **Wortspeicher**

Aus einem **Netz** kann ein Körper gefaltet werden.

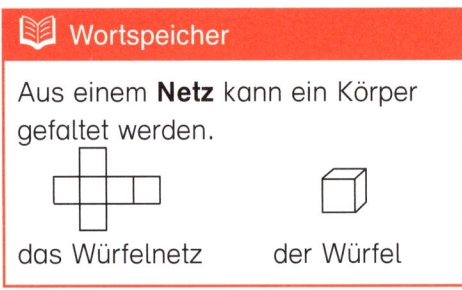

das Würfelnetz   der Würfel

4 a) Welche Körper kannst du aus diesen Netzen falten?

b) Zu welchem Körper findest du kein Netz?

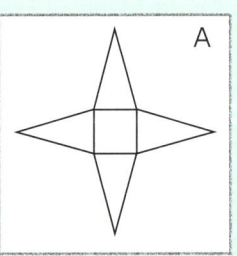

A

🔍 **5** Forschen Welche Körper sind gemeint?

A Dieser Körper kann rollen.

B Dieser Körper kann rollen, aber er kann nicht geradeaus rollen.

C Diesen Körper kann man nur kippen, nicht rollen.

D Mit diesem Körper kann man Mauern bauen.

84

Doppelseite: Jede Aufgabe geht über beide Seiten.   AH 54 FÖ 64

1 Evtl. Fühlsack einsetzen. Körper beschreiben. Diff.: Körper kneten lassen.   FO 50

 Sven

 "Ich fühle Ecken." Lisa

 Tim

 Basil

 der Würfel   das Prisma    der Quader

D

Ecken	0
Kanten	0
Flächen	1

E

Ecken	0
Kanten	2
Flächen	3

F

Ecken	5
Kanten	8
Flächen	5

G

Ecken	8
Kanten	12
Flächen	6

D Am ▮▮▮ findet man sechs Quadrate.

E Am ▮▮▮ findet man genau einen Kreis.

F An der ▮▮▮ findet man vier Dreiecke und ein Quadrat.

G An der ▮▮▮ findet man keine Ecken und Kanten.

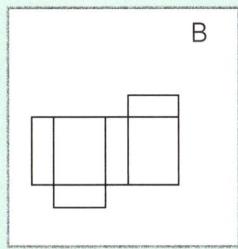 B

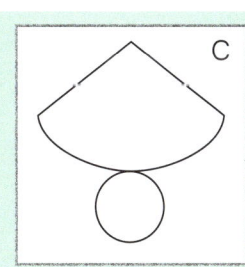 C

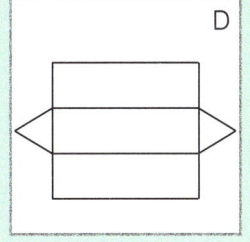 D

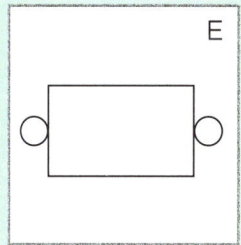 E

E Dieser Körper steht auf einer quadratischen Fläche. Er hat fünf Ecken.

F Dieser Körper sieht aus allen Richtungen gleich aus.

G Dieser Körper steht auf einer Kreisfläche. Liegt er auf der Seite, rollt er leicht weg.

H Dieser Körper kann rollen und kippen.

1 Schneidet eine solche Schachtel so auf, dass die Flächen zusammenhängen.

ein Würfel

2 Sind es Würfelnetze?

a) Nehmt immer 6 Quadrate. Klebt sie aneinander. Überprüft.

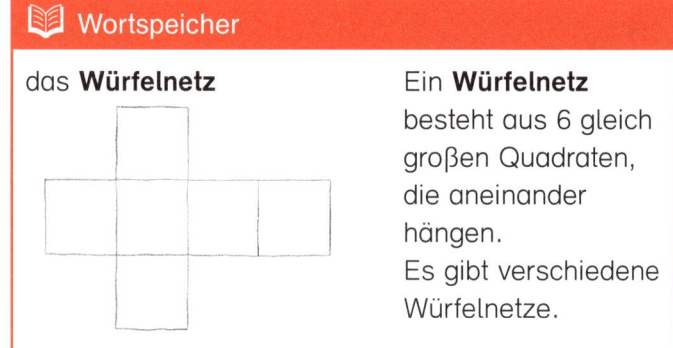

A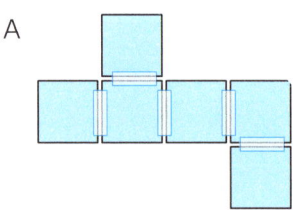

B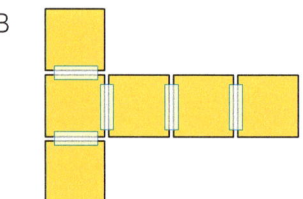

C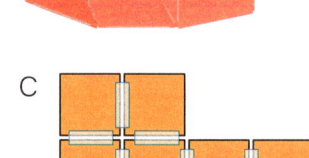

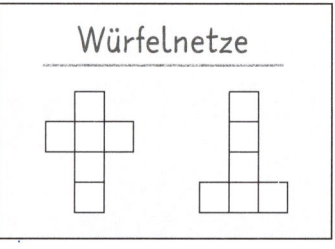

Würfelnetze

b) Forschen

Wie viele verschiedene Würfelnetze gibt es insgesamt? Zeichnet, schneidet aus, prüft, klebt auf.

3 Das ist das Netz eines Spielwürfels. Die Summe der Punkte auf den gegenüberliegenden Flächen ist immer 7. Zeichnet das Netz und färbt die gegenüberliegenden Flächen in derselben Farbe.

 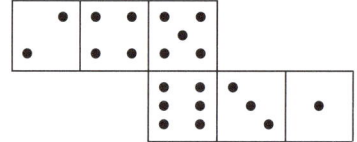

4 Welche Netze passen zu einem Spielwürfel? Zeichnet, schneidet aus. Überprüft.

A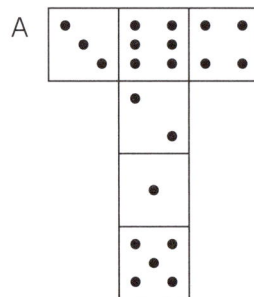

B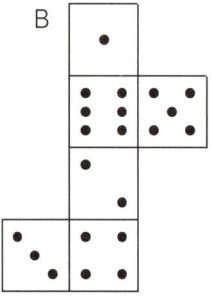

C 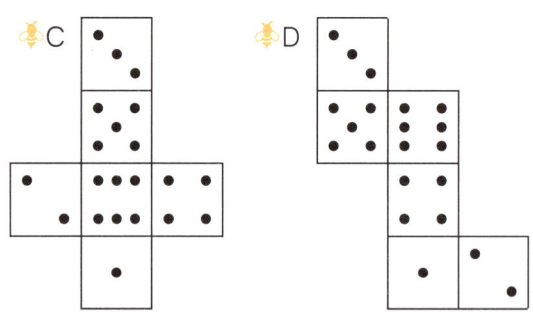 D

5 Baue einen eigenen Spielwürfel.

86

Wortspeicher nutzen. AH 55 FÖ 65
2 bis 4 Kopiervorlagen 148 bis 150 nutzen. FO 51

1 Baue.
Schaue aus verschiedenen Richtungen.

Ordne zu.

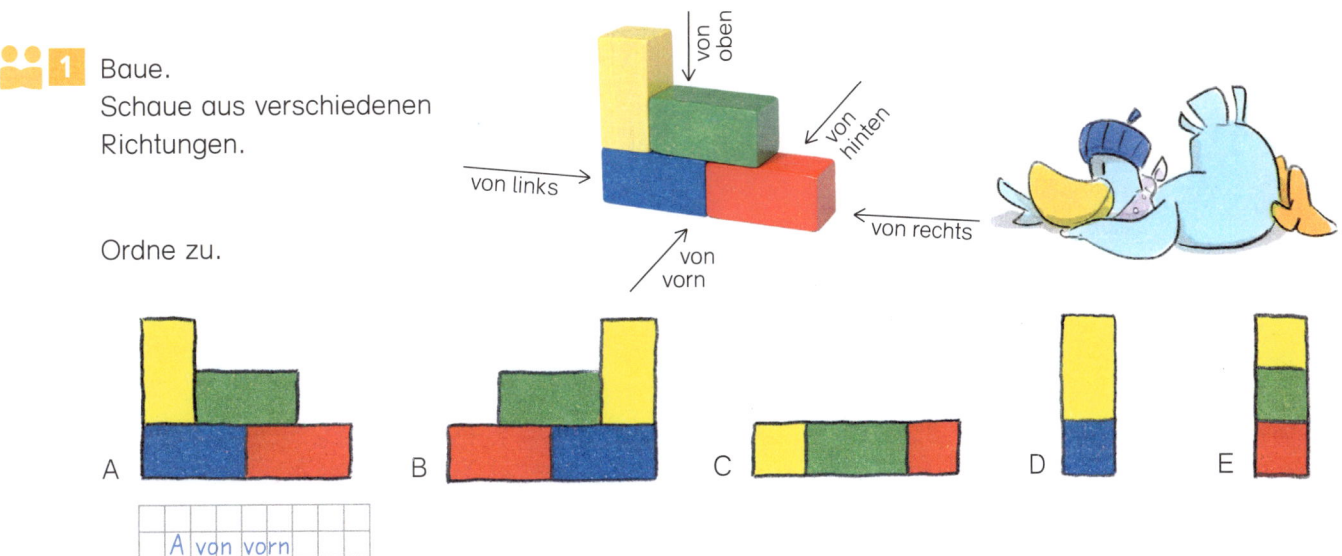

2 Welche Ansichten sind dargestellt?

a)

b)

c)

d)

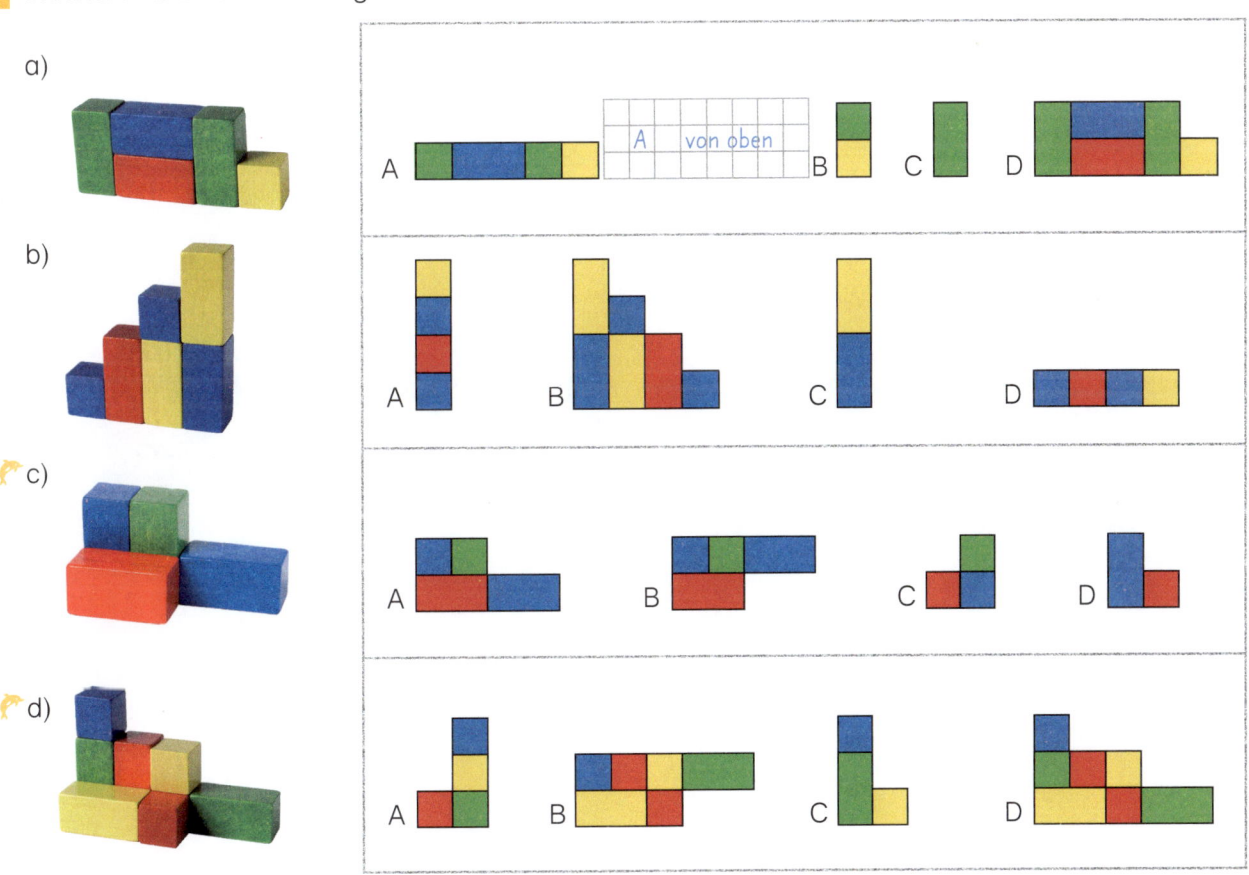

3 Zeichne diese Figuren von vorn freihand.

A   B   C   D

AH 56   FÖ 66
FO 52
1 und 2 Ggf. nachbauen und aus verschiedenen Richtungen betrachten.
Diff.: Jeweils fehlende Ansicht zeichnen. 3 Diff.: Verschiedene Ansichten zeichnen.
87

1

📖 **Wortspeicher**

Ein **Bauplan** beschreibt die Anzahl und Anordnung der Würfel in einem Würfelgebäude.

Bauplan

3	2	1
2	2	1
1	1	1

Wie viele Würfel fehlen noch?

2 Ordnet jedem Würfelgebäude den passenden Bauplan zu. Baut nach.

a) 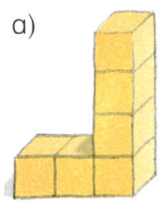 b) 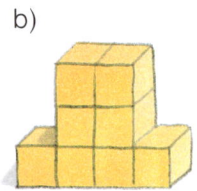 c) 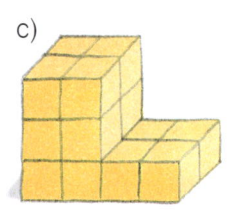 d) 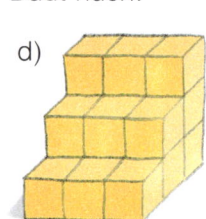 e)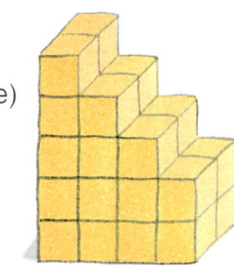

B
3	3	3
2	2	2
1	1	1

A | 1 | 3 | 3 | 1 |
|---|---|---|---|

C
5	4	3	2
5	4	3	2

D | 1 | 4 | 1 |
|---|---|---|

E
3	3	1	1
3	3	1	1

F | 1 | 1 | 4 |
|---|---|---|

3 Schreibt Baupläne zu diesen Würfelgebäuden. Fällt euch etwas auf?

A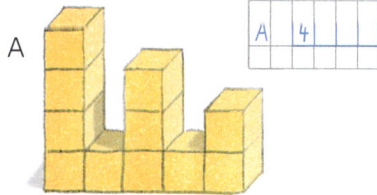

A	4			

B  C  D

4 Schreibt eigene Baupläne. Baut und überprüft.

5 Baut nach. Schreibt jeweils einen Bauplan.

A  B 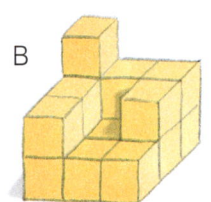 C 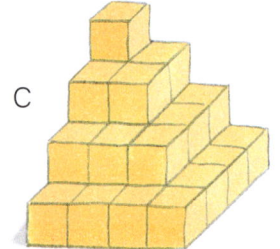 D

🔍 **6** Forschen — Wie viele verschiedene Gebäude könnt ihr mit vier Würfeln bauen? Schreibt Baupläne und vergleicht.

Wortspeicher nutzen. **2** Ein überzähliger Bauplan. **4** Offene Aufgabe.   **AH** 57   **FÖ** 67
6 Es gibt 14 Möglichkeiten. Diff.: Mit 5 und 6 Würfeln bauen.   **FO** 53   **FI9** 27–28

1 Erkennt ihr das Muster?

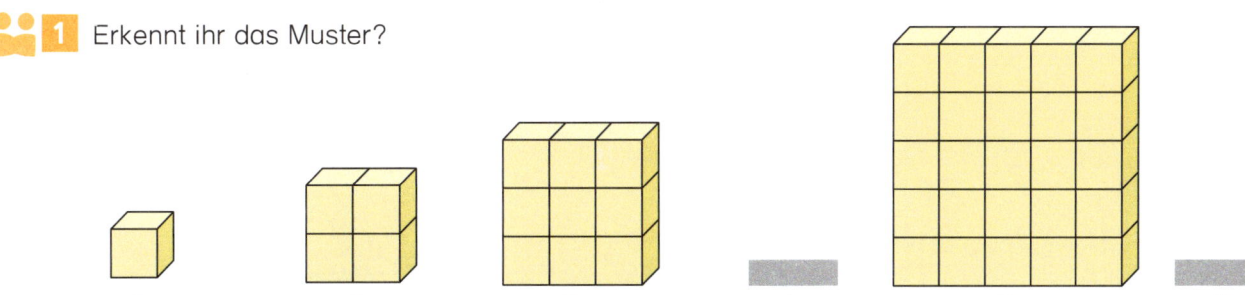

1.   2.   3.   4.   5.   6.

a) Aus wie vielen Würfeln besteht das 4. Würfelgebäude?
b) Aus wie vielen Würfeln besteht das 6. Würfelgebäude?

2

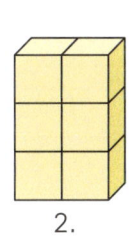 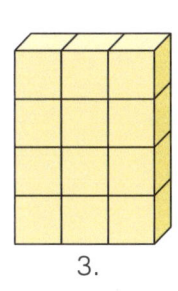 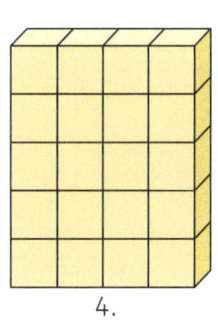

1.   2.   3.   4.   5.

a) Aus wie vielen Würfeln besteht das 5. Gebäude?
b) Aus wie vielen Würfeln besteht das 7. Gebäude?
c) Aus wie vielen Würfeln bestehen das 10. und das 20. Gebäude?

3 Robin hat Holzwürfel zu Stangen zusammengeklebt.
Anschließend hat er die Stangen rundherum angemalt.
Wie viele quadratische Flächen muss er jeweils anmalen?

1. Stange   2. Stange   3. Stange   4. Stange

a) Zeichne eine Tabelle und
setze fort.

Stangen	1.	2.	3.	4.	5.
Anzahl der anzumalenden quadratischen Flächen	6	10	14		

b) Wie viele quadratische Flächen muss Robin bei der 10. Stange anmalen?
c) Wie viele quadratische Flächen muss er bei der 20. Stange anmalen?

4 Welche Rechengeschichte passt? Frage, rechne, antworte.

5 · 20 €

A Frau Maas kauft fünf Kinokarten für insgesamt 20 Euro.

B 20 Kinder bringen je 5 € für einen Ausflug mit.

C Herr Behr trägt seit fünf Wochen Zeitungen aus. Jede Woche erhält er 20 €.

Überprüft die Rechnung mit einem Überschlag.

2 Überprüfe diese Rechnungen mit einem Überschlag.

a)
```
   8,73 €
+  4,25 €
─────────
  11,98 €
```
a) Ü: 9 € + 4 € = 13 €
11,98 € kann
nicht stimmen.

b)
```
   5,73 €
+  4,69 €
─────────
   9,24 €
```

c)
```
   7,28 €
+  9,80 €
─────────
  17,08 €
```

d)
```
   2,75 €
+  2,90 €
─────────
   5,65 €
```

e)
```
   5,86 €
  12,15 €
+  3,05 €
─────────
  19,06 €
```

f)
```
   0,95 €
  11,82 €
+  7,05 €
─────────
  19,82 €
```

g)
```
   5,38 €
   4,89 €
+  2,48 €
─────────
  10,35 €
```

h)
```
   9,95 €
   0,78 €
+  7,25 €
─────────
  17,98 €
```

i)
```
   4,58 €
   4,28 €
+  7,75 €
─────────
  15,61 €
```

3 **Reicht das Geld?** Überschlage.

Stifte 5,89 €
Sudoku 2,60 €
Ball 7,95 €
Heft 0,65 €
Comic 1,98 €

a) Tim hat 7 €. Er möchte Stifte und ein Sudoku-Heft kaufen.

b) Esra möchte ein Comic, ein Heft und einen Ball kaufen. Sie hat noch 13 €.

c) Celine besitzt noch 9 €. Sie möchte zwei Sudoku-Hefte und einen Ball kaufen.

d) Du hast 15 €. Was würdest du kaufen?

4 Addiere schriftlich.

a) 12,55 € + 44,12 €
34,09 € + 25,85 €
48,70 € + 12,25 €

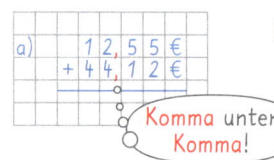

Komma unter Komma!

b) 27,32 € + 32,85 €
63,17 € + 13,19 €
84,76 € + 15,13 €

c) 17,98 € + 9,98 €
24,25 € + 0,82 €
30,88 € + 10,05 €

◄ 25,07 € 27,96 € 30,26 € 40,93 € 56,67 € 59,94 € 60,17 € 60,95 € 76,36 € 99,89 €

5 Subtrahiere schriftlich.

a) 17,52 € – 3,74 €
78,45 € – 8,99 €
43,42 € – 0,87 €

b) 12,38 € – 12,26 €
51,57 € – 43,39 €
13,56 € – 7,84 €

c) 6,42 € – 0,89 €
18,12 € – 7,25 €
79,06 € – 4,17 €

d) 56,57 € – 12,08 €
7,28 € – 5,03 €
75,09 € – 48,12 €

◄ 0,12 € 2,25 € 5,53 € 5,72 € 8,18 € 10,87 € 13,78 € 26,97 € 42,55 € 44,49 € 50 € 69,46 € 74,89 €

Nutzen des Überschlagens beim Einkaufen besprechen.
3 d) Offene Aufgabe. 4 und 5 Kommaschreibweise beachten.

AH 58 FÖ 68–69
FO 54

Sachrechnen – Tierhandlung

Tipp 1: Lesen und Erzählen   **Tipp 2:** Wichtige Daten   **Tipp 3:** Schrittweise vorgehen

Tipp 4: Hilfsmittel verwenden   **Tipp 5:** Ergebnis überprüfen

ANGEBOTE
- Aquarium mit Zubehör   63,75 €
- Bündel Pflanzen   8,20 €
- Beutel Wasserflöhe   1,20 €

Guppy-paar   3,25 €
Schwertträger   2,55 €
Zebrabärbling   2,40 €

1

a)
Bitte einen Zebrabärbling und einen Schwertträger. Wie viel muss ich bezahlen?

b)
Ich habe 15 € und möchte ein Guppy-Paar kaufen. Wie viel Geld bleibt übrig?

c)
Ich hätte gern ein Aquarium mit Zubehör, ein Bündel Pflanzen und einen Beutel Wasserflöhe. Wie viel kostet das?

d)
Ich möchte ein Aquarium mit Zubehör und habe einen 100-€-Schein. Wie viel Geld bekomme ich zurück?

e)
Reichen 20 € für einen Zebrabärbling und ein Bündel Pflanzen?

f)
Ich habe 100 €. Wie viele Bündel Pflanzen kann ich mir kaufen?

2 Welche Antwort passt zu welcher Rechengeschichte? Rechnet und ordnet zu.

a) Tim kauft zwei Schwertträger.
Wie viel muss er bezahlen?

b) Laura bezahlt mit einem 10-€-Schein.
Sie bekommt 1,80 € zurück.
Was könnte sie gekauft haben?

c) Esra hat einen 5-€-Schein.
Sie kauft einen Beutel Wasserflöhe.
Wie viel Geld bekommt sie zurück?

d) Emres Mutter kauft ein Aquarium mit Zubehör
und ein Bündel Pflanzen. Sie hat 100 €.
Wie viel Geld hat sie dann noch übrig?

A Sie könnte ▨ gekauft haben.

B Sie hat noch ▨ € übrig.

C Er muss insgesamt ▨ € bezahlen.

D Sie bekommt ▨ € zurück.

FÖ 70   Tipps nutzen. Aktuelle Preise recherchieren
1 Rechnen und antworten.

Wortspeicher

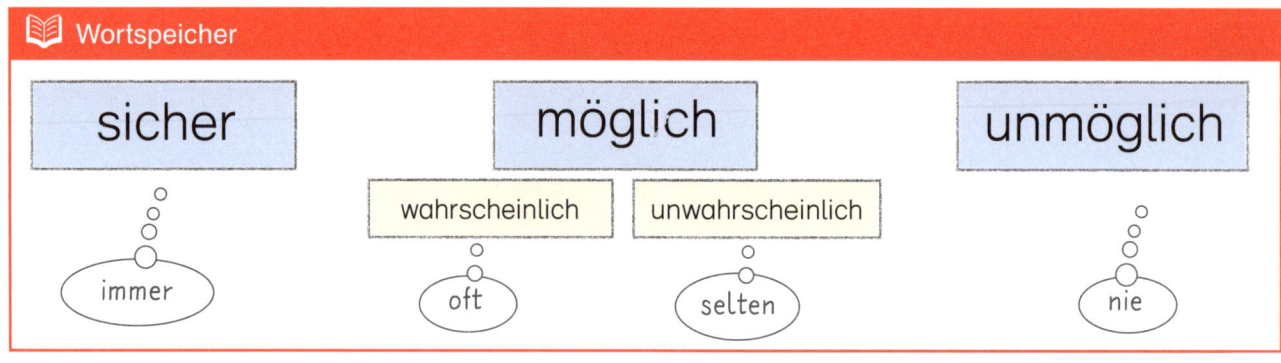

sicher
immer

möglich
wahrscheinlich — unwahrscheinlich
oft — selten

unmöglich
nie

1 die Rechenkonferenz

Lia zieht **eine** Kugel. Sie kann die Kugel in der Kiste nicht sehen.

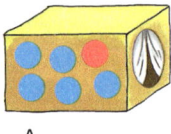 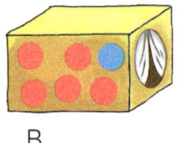 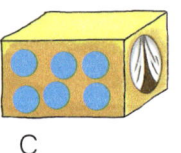 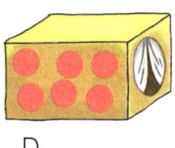

A   B   C   D

Welche Kiste passt? Entscheidet und begründet.

a) Es ist sicher, dass sie
   eine rote Kugel zieht.

b) Es ist unwahrscheinlich, dass sie
   eine rote Kugel zieht.

c) Es ist unmöglich, dass sie
   eine rote Kugel zieht.

d) Es ist wahrscheinlich, dass sie
   eine rote Kugel zieht.

2 Leon kann die Kugeln in der Kiste nicht sehen.
Er zieht Kugeln.
Sicher, wahrscheinlich, unwahrscheinlich, unmöglich? Entscheidet und begründet.

Probiert es selbst.

a) Er zieht zwei rote Kugeln.
b) Er zieht drei blaue Kugeln.
c) Er zieht sechs Kugeln in der
   gleichen Farbe.

3 Es sind immer sechs Kugeln in der Kiste. Malt passend.

a) Ich ziehe sicher eine gelbe Kugel.
b) Es ist unmöglich, dass ich eine rote Kugel ziehe.
c) Es ist möglich, dass ich eine blaue Kugel ziehe.
d) Ich ziehe sicher vier Kugeln in der gleichen Farbe.
🐬 e) Ich ziehe beim 2. Mal sicher eine grüne Kugel.
🐬 f) Es ist unmöglich, dass ich drei blaue Kugeln ziehe.

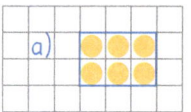

? 4 Kann das stimmen?

a) In der Fühlkiste liegen wieder sechs Kugeln, drei rote und drei blaue.
Johanna hat bisher dreimal blau gezogen.
Sie meint: „Jetzt werde ich sicher eine rote Kugel ziehen!"

b) Es liegen vier blaue und zwei rote Kugeln in der Fühlkiste.
Tom hat bereits zweimal rot gezogen.
Er behauptet: „Jetzt kommt sicher eine blaue Kugel."

92

1

sicher	möglich	unmöglich

wahrscheinlich	unwahrscheinlich

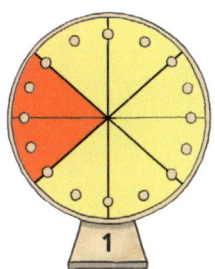  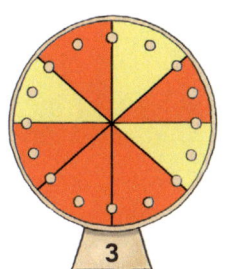 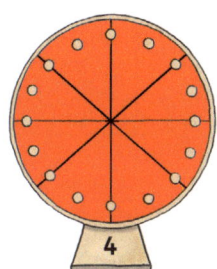

Gelb gewinnt.

a) Welches Glücksrad würdet ihr wählen? Begründet.

b) Bei welchen Rädern ist ein Gewinn sicher, wahrscheinlich, unwahrscheinlich, unmöglich?

2 **Grün** gewinnt.

Bei welchen Glücksrädern hat man die gleichen **Gewinnchancen?**

Vergleicht und begründet.

A   B   C   D   E   F

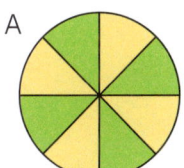  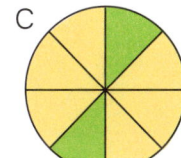 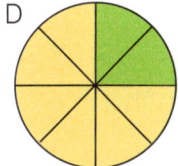 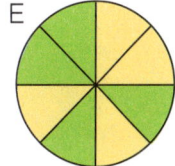 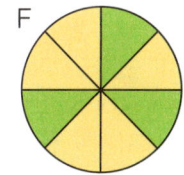

3 Male passende Glücksräder.

a)

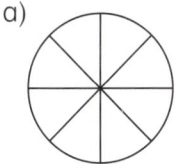

> A Die Gewinnchance für Rot ist am größten.
>
> B Die Gewinnchancen für Rot und Blau sind gleich groß.
>
> C Grün hat keine Chance zu gewinnen.

b)

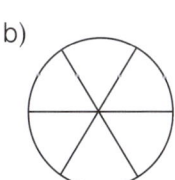

> A Die Gewinnchance für Blau ist halb so groß wie für Rot.
>
> B Die Gewinnchance für Gelb ist doppelt so groß wie für Grün.
>
> C Die Gewinnchance für Rot ist fünfmal so groß wie für Blau.

4 Entscheidet und begründet.

sicher	möglich	unmöglich

wahrscheinlich	unwahrscheinlich

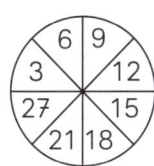

> A Ich treffe eine gerade Zahl.
>
> B Ich treffe eine Zahl, die ich durch 3 teilen kann.
>
> C Ich treffe eine Zahl, die ich durch 3 und 6 teilen kann.

AH 59   FÖ 71   Glücksrad bauen. **2** bis **4** Gewinnchancen besprechen. **3** Kopiervorlagen 231 nutzen.

FO 56   FI8 23–25

93

1 Würfelt 50-mal mit zwei Würfeln. Addiert.

a) Welche Augensumme wird wohl besonders oft vorkommen?
Vermutet vorher. Führt eine Strichliste in eurem Heft.

Augensumme	2	3	4	5	6	7	8	9	10	11	12
Anzahl der Würfe			II								

Was fällt euch auf?

b) Zeichnet ein Säulendiagramm zu eurer Strichliste ins Heft. ▦ 1 Strich

2 Forschen Schreibt in eine Tabelle zu jedem Ergebnis alle möglichen Würfe auf.
Welche Augensummen sind wahrscheinlich, welche unwahrscheinlich? Begründet.

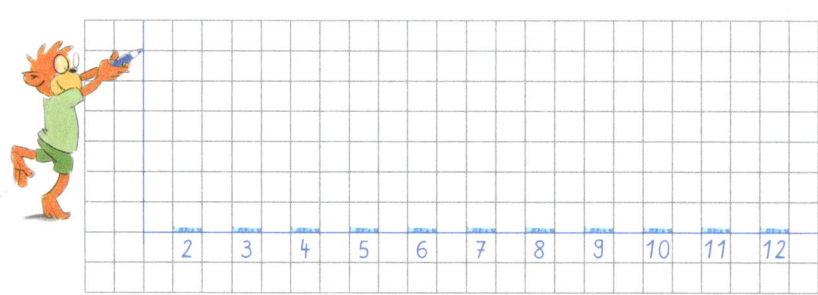

Augensumme	2	3	4	5	6	7	8	9	10	11	12
mögliche Würfe	1+1	1+2 2+1									

3 Würfeln mit zwei Würfeln.
Welche Aussagen sind richtig?
Entscheidet und begründet.

A Die Summe 2 ist unwahrscheinlich.   D Die Summe 8 ist sicher.
B Die Summe 12 ist wahrscheinlich.   E Die Summe 1 ist unmöglich.
C Die Summe 14 ist unmöglich.   F Die Summe 7 ist wahrscheinlich.

◄ 4 Aussagen sind richtig.

4 a) Ist das Spiel fair? Entscheidet und begründet.

Ich gewinne bei der Summe 6.
Du gewinnst bei der
Summe 3.

Ist das fair?

b) Findet faire Gewinnsummen.

94

1
a) 2 · 9 b) 3 · 8 c) 6 · 4 d) 5 · 6 e) 6 · 7 f) 9 · 8 g) 8 · 5
3 · 7 5 · 4 6 · 5 7 · 4 9 · 4 8 · 6 9 · 9
2 · 6 3 · 9 9 · 7 4 · 9 8 · 9 3 · 5 8 · 7

7 · 9 3 · 6 5 · 7 7 · 5 7 · 8 9 · 5 4 · 4
4 · 8 4 · 7 6 · 9 6 · 8 7 · 6 5 · 9 9 · 6
3 · 4 5 · 5 5 · 8 4 · 6 8 · 4 7 · 7 4 · 5

2 In jeder Rechentafel sind fünf Fehler. Rechne richtig.

a)

·	10	5	4
2	20	10	40
4	50	20	16
8	80	40	33
7	70	45	27

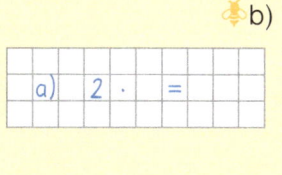

a) 2 · ☐ = ☐

b)

·	3	6	9
4	14	24	36
7	21	45	73
9	27	46	81
8	24	48	82

c)

·	6	7	8
3	18	23	24
6	26	42	48
9	54	63	56
7	42	47	54

3 Schreibe möglichst viele Malaufgaben zu diesen Ergebnissen.

a) 12

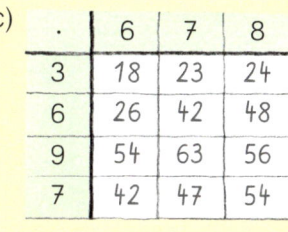

a) 1 · 12 = 12
2 · 6 =

b) 24 c) 36 d) 42 e) 48

4
a) 27 : 3 b) 15 : 5 c) 16 : 4 d) 72 : 8 e) 54 : 9 f) 24 : 6 g) 21 : 3
21 : 7 35 : 7 24 : 6 64 : 8 63 : 7 36 : 9 49 : 7
18 : 6 45 : 9 32 : 8 56 : 7 45 : 5 42 : 7 63 : 9

5 Dividiere mit und ohne Rest.

a) 13 : 4
18 : 6
16 : 2

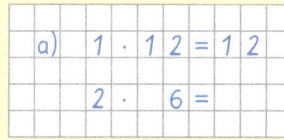

a) 1 3 : 4 = 3 R 1

b) 52 : 7 c) 30 : 9 d) 72 : 8 e) 32 : 5 f) 12 : 6
56 : 8 63 : 7 77 : 9 25 : 6 15 : 3
59 : 6 74 : 8 81 : 10 31 : 9 34 : 8

6 Rechne zur Probe die Umkehraufgabe.

a) 12 : 4 b) 35 : 7 c) 64 : 8 d) 21 : 3 e) 50 : 5 f) 36 : 6
36 : 4 49 : 7 72 : 8 15 : 3 25 : 5 18 : 6

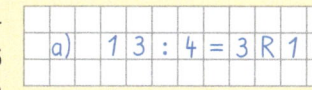

a) 1 2 : 4 = 3 denn 3 · 4 = 1 2

7 Welches Rechenzeichen passt? ⊕ ⊖ ⊙ ⊘

a) 5 ● 5 = 0 b) 9 ● 9 = 81 c) 10 ● 10 = 0 d) 18 ● 6 = 3
5 ● 5 = 25 9 ● 9 = 18 10 ● 10 = 1 18 ● 6 = 12
5 ● 5 = 1 9 ● 9 = 1 10 ● 10 = 20 18 ● 18 = 36
5 ● 5 = 10 9 ● 9 = 0 10 ● 10 = 100 18 ● 18 = 1

1 Lege und rechne.

a)

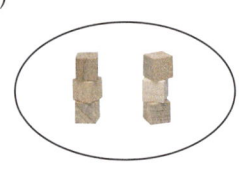 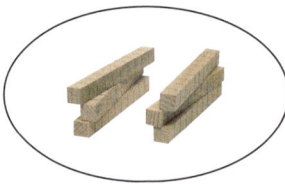 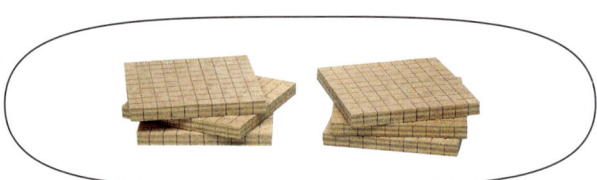

2 · 3
Grundaufgabe

2 · 30
das Zehnfache

2 · 300
das Hundertfache

b)

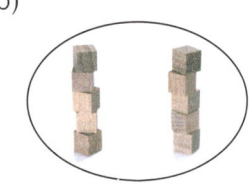   

c)

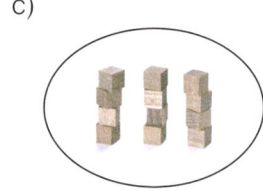 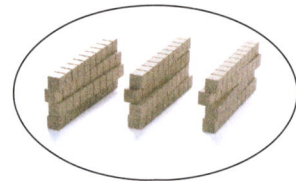 

2 Vom kleinen Einmaleins zum Zehnfachen und zum Hundertfachen. Lege und rechne.

a)	b)	c)	d)	e)	f)
3 · 3	4 · 2	2 · 4	5 · 2	3 · 5	4 · 3
3 · 30	4 · 20	2 · 40	5 · 20	3 · 50	4 · 30
3 · 300	4 · 200	2 · 400	5 · 200	3 · 500	4 · 300

3
a) 2 · 70 (2 · 7)
   4 · 70
   8 · 70

b) 3 · 80
   6 · 80
   9 · 80

c) 5 · 50
   7 · 50
   9 · 50

d) 4 · 60
   6 · 60
   8 · 60

e) 1 · 40
  10 · 40
 100 · 40

f) 0 · 80
 10 · 80
 20 · 80

4
a) 70 · 3
  80 · 4
  90 · 5
 100 · 6

b) 80 · 8
  70 · 7
  60 · 6
  40 · 5

c) 20 · 8
  40 · 6
  60 · 4
  80 · 2

d) 70 · 5
  60 · 5
  50 · 5
  40 · 5

e) 70 · 0
  70 · 1
  70 · 2
  70 · 3

f) 200 · 5
 300 · 5
 400 · 5
 500 · 5

5

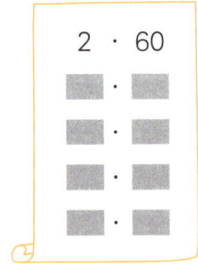

2 · 60

·

·

·

·

Tore beschreibt sein Päckchen so:

„Die erste Zahl wird immer um 1 größer.
Die zweite Zahl bleibt gleich.
Deshalb wird das Produkt immer um …"

Setze Tores Päckchen fort. Wie verändert sich das Produkt?

Von der Grundaufgabe ausgehen. Zusammenhänge beschreiben. Begriffe klären.   **AH** 61   **FÖ** 73–74
  FO 58   **FI11** 31–33

Dividieren mit großen Zahlen

1 Lege und rechne.

a)
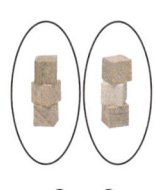   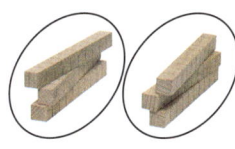   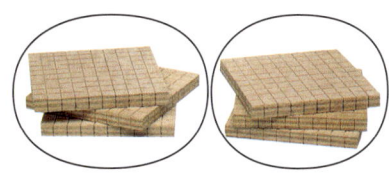

6 : 2   60 : 2   600 : 2

b)
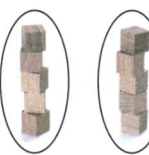   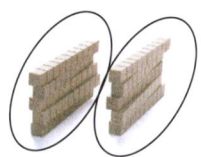   

c)
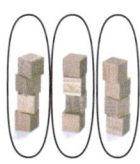   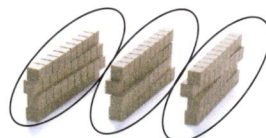    

2 Lege und rechne.

a)	b)	c)	d)	e)	f)
21 : 3	42 : 6	16 : 4	32 : 8	12 : 2	15 : 3
210 : 3	420 : 6	160 : 4	320 : 8	120 : 20	150 : 30
210 : 30	420 : 60	160 : 40	320 : 80	1 200 : 200	1 500 : 300

3

a)	b)	c)	d)	e)	f)
49 : 7	50 : 5	56 : 8	72 : 9	20 : 5	10 : 2
490 : 70	500 : 50	560 : 80	720 : 90	2 000 : 50	1 000 : 20
490 : 7	500 : 5	560 : 8	720 : 9	2 000 : 500	1 000 : 200

4 Übt das Zehnereinmaleins auch mit der Umkehraufgabe.

8 · 40

8 · 40 = 320
320 : 40 = 8

5

360 : 60
___ : ___
___ : ___
___ : ___
___ : ___

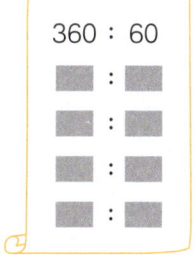

Lissi beschreibt ihr Päckchen so:

„Die erste Zahl wird immer um 60 kleiner.
Die zweite Zahl bleibt gleich.
Deshalb wird der Quotient immer um …"

Setze Lissis Päckchen fort. Wie verändert sich der Quotient?

AH 62 FÖ 75   **1** Die Umkehraufgaben zur Multiplikation. Zusammenhänge beschreiben.
FO 59 FI 11 35–37

97

1 Bio Bauer Bernd verkauft Paletten mit je 30 Eier in seinem Hofladen.
Wie viele Eier verkauft er an den verschiedenen Tagen?
Rechne und antworte.

Er verkauft
a) am Montag drei Paletten.
b) am Dienstag fünf Paletten.
c) am Mittwoch sechs Paletten.
d) am Donnerstag vier Paletten.
e) am Freitag sieben Paletten.

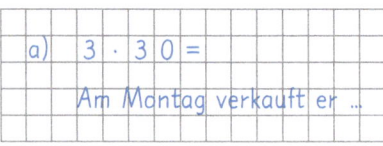

a) 3 · 3 0 =

Am Montag verkauft er ...

2 Wie viele Paletten werden für die Eier benötigt? Rechne und antworte.

a) 60 Eier	b) 120 Eier	c) 360 Eier
90 Eier	240 Eier	300 Eier
180 Eier	150 Eier	600 Eier

3 **Knobeln** Die Pension Huber bekommt doppelt so viele braune wie weiße Eier geliefert.
Wie viele braune und wie viele weiße Eier bekommen sie jeweils?
a) Insgesamt drei volle Paletten.
b) Insgesamt vier volle Paletten.
c) Insgesamt fünf volle Paletten.

4
a) 140 : 70
280 : 70
420 : 70
560 : 70
700 : 70

b) 180 : 90
360 : 90
540 : 90
720 : 90
810 : 90

c) 160 : 4
200 : 40
240 : 40
280 : 4
320 : 4

d) 90 : 30
150 · 3
210 : 30
270 : 3
300 : 30

e) 320 : 8
640 : 8
400 : 80
480 : 8
560 : 80

5 Was wiegt ungefähr wie viel? Ordne die Gewichtsangaben zu.

A

B

C

D

| 1 kg | 400 kg | 25 kg | 400 g | 250 g |

6 Welches Zeichen passt? < = >

a) 200 g ◯ $\frac{1}{2}$ kg
350 g ◯ $\frac{1}{2}$ kg
550 g ◯ $\frac{1}{2}$ kg

b) 850 g ◯ 1 kg
750 g ◯ 1 kg
1000 g ◯ 1 kg

c) 1 kg ◯ 530 g
$\frac{1}{2}$ kg ◯ 500 g
$\frac{1}{2}$ kg ◯ 855 g

d) 3 kg ◯ 1000 g
1 $\frac{1}{2}$ kg ◯ 1250 g
10 kg ◯ 800 g

98

5 Eine überzählige Angabe.   AH 62   FÖ 76
FO 59 FI 11 38, 43

1

Herr Horn fährt
Bücherpakete
zu den Schulen.
Ein Paket wiegt 20 kg.
Er darf noch bis zu 150 kg laden.

1 Paket	2 0 kg
2 Pakete	4 0 kg
3 Pakete	6 0 kg

Wie viele Pakete darf er einladen?
Finde alle Möglichkeiten.

$$\underline{\qquad} \cdot 20\ kg < 150\ kg$$

2 Ein anderes Auto darf noch bis zu 500 kg laden. Wie viele Kisten darf das Auto höchstens laden?

a) 80-kg-Kisten

d) 90-kg-Kisten

a) Es darf höchstens

b) 60-kg-Kisten

e) 25-kg-Kisten

c) 50-kg-Kisten

f) 120-kg-Kisten

3 Schreibe alle Zahlen auf, die du einsetzen kannst.

a) ▦ · 40 < 100

▦ · 30 < 100

▦ · 50 < 100

a) 0, 1, 2

b) ▦ · 80 < 600

▦ · 80 < 200

▦ · 80 < 300

c) ▦ · 250 < 250

▦ · 255 < 1 000

▦ · 125 < 1 000

4 Welches Zeichen passt? (<) (=) (>)

a) 8 · 60 ⬤ 7 · 10

6 · 70 ⬤ 8 · 50

4 · 80 ⬤ 5 · 60

b) 2 · 90 ⬤ 3 · 70

3 · 30 ⬤ 5 · 20

5 · 30 ⬤ 4 · 40

c) 9 · 70 ⬤ 8 · 90

6 · 40 ⬤ 8 · 30

5 · 90 ⬤ 9 · 50

5

a) Meine Zahl ist das Dreifache von 90.

b) Meine Zahl ist die Hälfte von 500.

c) Meine Zahl ist eine Dreißigerzahl. Sie ist kleiner als 120 und größer als 60.

d)

e) Meine Zahl ist eine Zehnerzahl. Sie ist größer als das Dreifache von 50 und kleiner als 170.

f) Meine Zahl ist eine Vierzigerzahl. Sie ist auch eine Sechzigerzahl. Sie ist größer als 240 und kleiner als 400.

6 Schreibe in Zentimeter.

a) 6 m
3 m
8 m

b) $\frac{1}{2}$ m
1 $\frac{1}{2}$ m
3 $\frac{1}{2}$ m

c) 1 m 10 cm
3 m 34 cm
5 m 21 cm

d) 2 m 3 cm
5 m 40 cm
9 m 12 cm

7 Schreibe in Meter.

a) 200 cm
400 cm
700 cm

b) 500 cm
100 cm
300 cm

c) 50 cm
750 cm
6 000 cm

2 Begriff „höchstens" klären. 5 Begriffe klären. d) Offene Aufgabe.

FO 60

99

1 Für diese Woche hat der Kaiser

zwei Hemden

und drei Hosen.

a) Wie viele Möglichkeiten hat er, sich verschieden anzuziehen?

Es war einmal ein sehr eitler Kaiser. Er wollte sich jeden Tag verschieden anziehen. An einem Tag trug er ein rotes Hemd und dazu eine gelbe Hose. Am nächsten Tag trug er ein blaues Hemd, aber dazu eine ...

Ich male.

Ich schreibe in eine Tabelle.

Hemd	Hose
r	r
r	b
r	

📖 Wortspeicher

das **Baumdiagramm**

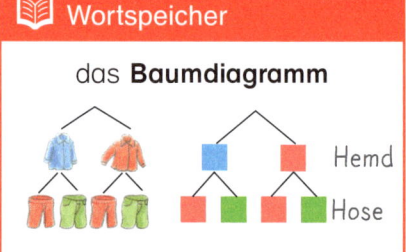

 b) Habt ihr alle Möglichkeiten gefunden? Sortiert und begründet. Wie viele Möglichkeiten gibt es?

c) Paul hat ein **Baumdiagramm** erstellt, um alle Möglichkeiten darzustellen.

Beschreibt das Baumdiagramm, Zeichnet das Baumdiagramm vollständig ins Heft.

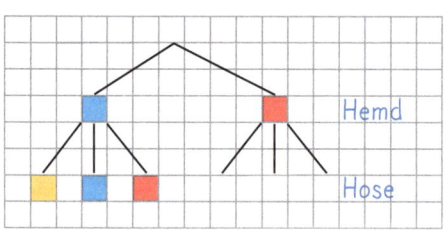

2 Der Kaiser hat zwei Hemden  und vier Hosen.

a) Welches Diagramm passt zur Aufgabe?

A

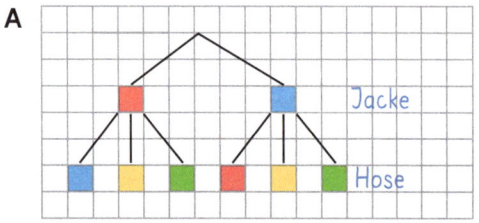

B

b) Wie viele Möglichkeiten hat der Kaiser sich verschieden anzuziehen? Begründet.

Wortspeicher nutzen.　AH 63　FÖ 77
FO 61　FI2 51–52

1

Ich möchte vier Milchbrötchen. Eins kostet 0,50 €, also 50 ct. Wie viel muss ich bezahlen?

2 Lege jeweils eine Preistabelle an.

a)

Mohn brötchen	Preis
1	▦
2	▦
4	▦
6	▦
10	▦

b)

Milch brötchen	Preis
1	▦
2	▦
3	▦
5	▦
7	▦

c)

Rosinen brötchen	Preis
1	▦
2	▦
5	▦
7	▦
9	▦

d)

Mehrkorn brötchen	Preis
1	▦
2	▦
3	▦
6	▦
10	▦

e) Du hast 8 €. Was würdest du kaufen? Nutze die Preistabellen.

3 Frau Lammel hat acht gleiche Brötchen gekauft.

a) Wie viel hat sie mindestens bezahlt?

b) Wie viel hat sie höchstens bezahlt?

4

4,00 €   1,80 €

Mein Weg:

500 g : 5 = 100 g

400 ct : 5 =

Lisa

200 g : 2 = 100 g

180 ct : 2 =

Tilo

Im Supermarkt gibt es verschiedene Gläser Honig.
Welches Glas ist preisgünstiger? Begründet eure Antwort.

5 Herr Buschmeier möchte im Supermarkt Marmelade kaufen. Welches Glas ist am preiswertesten? Begründet eure Antwort.

400 g   1,60 €   800 g   2,40 €   1000 g   2,90 €

6 Wie viel Geld bekommt jedes Enkelkind?

a)

Hier sind 10 € für euch vier.

b) Wenn Oma fünf Enkelkinder hätte, …

c) Wenn Oma ihren vier Enkelkindern 50 € gegeben hätte, …

d) Wenn Oma 30 € an die vier gegeben hätte, …

e) Wenn Oma jedem der vier Enkelkinder von den 10 € einen anderen vollen Eurobetrag gegeben hätte,…

AH 64   FÖ 78   **2** Strategien zur Preistabelle besprechen. Kopiervorlage 182 nutzen. **2** e) Offene Aufgabe.

FO 62   **6** Aufgaben variieren.

101

Tipp 1: Lesen und Erzählen

Tipp 2: Wichtige Daten

Tipp 3: Schrittweise vorgehen

18 Mannschaften spielen in
der 1. Fußballbundesliga.
Bei einem **Sieg** bekommt
eine Mannschaft **drei Punkte**,
bei **Unentschieden einen Punkt.**

Ergebnisse vom 7. Spieltag			
Bayer Leverkusen	:	Werder Bremen	3 : 1
Borussia Dortmund	:	Bayern München	2 : 2
RB Leipzig	:	Eintracht Frankfurt	2 : 0
Hamburger SV	:	Hertha BSC	1 : 1
1. FSV Mainz 05	:	1899 Hoffenheim	2 : 1
Vfl Wolfsburg	:	Borussia Mönchengladbach	1 : 2
SC Freiburg	:	1. FC Köln	0 : 1
Darmstadt 98	:	FC Ingolstadt	1 : 0
FC Augsburg	:	FC Schalke 04	2 : 1

1 a) Könnt ihr die Fragen beantworten? Ja oder nein. Notiert die passenden Antworten mit Ergebnissen.

A Welche Mannschaften haben am 7. Spieltag gewonnen?

B Welcher Spieler hat die meisten Tore geschossen?

C Bei welchen Spielen wurden die wenigsten Tore geschossen?

D Wie viele Mannschaften haben am 7. Spieltag verloren?

E Welche Mannschaft hat in dieser Saison am meisten unentschieden gespielt?

F Wie viele Punkte erhält eine Mannschaft bei einem Sieg?

b) Findet weitere Fragen, die ihr beantworten könnt.

2 Werder Bremen gewann **drei** Spiele und **zwei** Spiele endeten unentschieden.

a) Wie viele Punkte hat die Mannschaft erhalten?

b) Verändert die Aufgabe mit eigenen Zahlen.

Werder Bremen gewann _____ Spiele und _____ Spiele endeten unentschieden.

Wie viele Punkte bekam die Mannschaft?

c) Verändert die Aufgabe so, dass Werder Bremen acht Punkte erhielt.

Werder Bremen gewann _____ Spiele und _____ Spiele endeten unentschieden.

d) Verändert die Aufgabe so, dass Werder Bremen zwölf Punkte erhielt.

Werder Bremen gewann _____ Spiele und _____ Spiele endeten unentschieden.

e) Verändert die Aufgabe so, dass Werder Bremen 21 Punkte erhielt.
Dabei hat die Mannschaft doppelt so viele gewonnene Spiele wie unentschiedene Spiele.

3 Im Training schießt Nick 30-mal auf das Tor und trifft davon 15-mal.
Bijan schießt sogar 40-mal und erzielt 17 Tore.
Wer ist der bessere Torschütze? Begründet.

Tipps nutzen. Aktuelle Ergebnisse recherchieren. 1 Zwei Fragen können nicht beantwortet werden.
2 Aufgaben variieren in Bezug auf das Ergebnis. b) Offene Aufgabe. c) und d) Mehrere Lösungen möglich.

AH 65
FO 63

Das ist die Familie Uthe.

Ich bin schon 15 Jahre alt.

Ich bin erst zehn Jahre.

Herr Uthe   Frau Uthe   Sven   Pia

Eintrittspreise im Stadion

Sitzplatz		Stehplatz	
Erwachsene:	27 €	Erwachsene:	12 €
Kinder bis 14 Jahre:	10 €	Kinder bis 14 Jahre:	6 €

4 a) Könnt ihr die Fragen beantworten? Ja oder nein. Notiert die passenden Antworten mit Ergebnissen.

A Wie viel bezahlen Erwachsene für einen Sitzplatz?

B Wie teuer ist ein Stehplatz für 9-jährige Kinder?

C Wie viel muss Herr Alt für sich und seine Kinder bezahlen?

D Wie viel müssen zwei Erwachsene für einen Stehplatz bezahlen?

E Wie viel kostet der Sitzplatz für Sven Uthe?

F Wie viele Personen der Familie Uthe sind älter als 14 Jahre?

b) Findet weitere Fragen, die ihr beantworten könnt.

5 Findet eine Frage, rechnet und antwortet.

a) Familie Uthe wählt Sitzplätze.

b) Die befreundete Familie Wichmann kommt mit ins Stadion.
Sie wählt Stehplätze.

Ich bin zwölf Jahre alt.

Ich bin acht Jahre alt.

c) Stellt euch vor, ihr geht mit eurer Familie ins Stadion. Wie viel müsst ihr bezahlen?

6 a) Malik ist mit seinen zwei Freunden im Stadion. Alle Kinder sind unter 14 Jahren.
Sie nehmen Sitzplätze. Wie viel müssen sie bezahlen?

b) Verändert die Aufgabe im Heft so, dass der Eintritt insgesamt mehr als 60 € kostet.

_____ ist mit seinen _____ Freunden im Stadion. Alle Kinder sind unter 14 Jahren.
Sie nehmen Sitzplätze. Sie müssen _____ € bezahlen.

AH 65
FO 63

4 Eine Frage kann nicht beantwortet werden. 6 Aufgaben variieren in Bezug auf das Ergebnis.

103

1 Wie heißen die Körper?

A 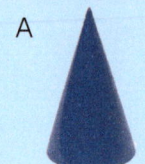   B 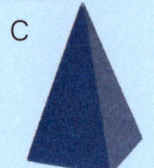   C   D

2 Ordne jedem Körper aus Aufgabe 1 die passende Karte zu. Ergänze die Namen im Heft.

A

Ecken	5
Kanten	8
Flächen	5

B

Ecken	0
Kanten	2
Flächen	3

C

Ecken	6
Kanten	9
Flächen	5

D

Spitze	1
Kanten	1
Flächen	2

3 Addiere schriftlich im Heft.

a) 13,55 € + 41,32 €   b) 23,19 € + 0,83 €   c) 12,05 € + 2,31 €   d) 9,10 € + 19,02 €

4 Male passende Glücksräder in dein Heft.

a) 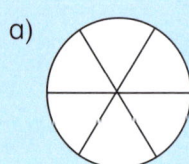   Die Gewinnchancen für Grün und Gelb sind gleich groß.

b) 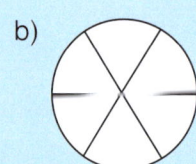   Die Gewinnchance für Rot ist doppelt so groß wie für Blau.

5
a) $2 \cdot 30 = $
$4 \cdot 30 = $
$9 \cdot 30 = $

b) $6 \cdot 20 = $
$5 \cdot 70 = $
$9 \cdot 80 = $

c) $0 \cdot 80 = $
$9 \cdot 70 = $
$2 \cdot 90 = $

6
a) $280 : 70 = $
$560 : 70 = $
$810 : 90 = $

b) $480 : 8 = $
$270 : 3 = $
$320 : 40 = $

c) $240 : 6 = $
$200 : 40 = $
$150 : 3 = $

7 Lege jeweils eine Preistabelle an.

a)

Sticker	Preis
1	50 ct
2	
4	

b)

Jojo	Preis
1	2 €
3	
9	

c)

Ball	Preis
1	9 €
10	
20	

104

Zuerst Aufgaben lösen, dann selbst einschätzen.
Auf der Basis der Selbsteinschätzung gemeinsam mit dem Kind individuelle Lernziele formulieren.
Kopiervorlage nutzen (KV im Lehrermaterial) oder Aufgaben ins Heft schreiben.

1	2	3	4	5	6	7	8	9	10
11	12	13	14	15	16	17	18	19	20
21	22	23	24	25	26	27	28	29	30
31	32	33	34	35	36	37	38	39	40
41	42	43	44	45	46	47	48	49	50
51	52	53	54	55	56	57	58	59	60
61	62	63	64	65	66	67	68	69	70
71	72	73	74	75	76	77	78	79	80
81	82	83	84	85	86	87	88	89	90
91	92	93	94	95	96	97	98	99	100

1  die Rechenkonferenz

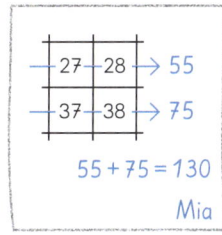

27 + 28 → 55
37 + 38 → 75
55 + 75 = 130   Mia

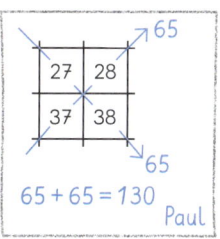

65
27 28
37 38
65
65 + 65 = 130   Paul

a) Mia und Paul haben die vier Zahlen im blauen Quadrat addiert. Vergleicht ihre Rechenwege. Kann man noch anders rechnen?

b) Warum hat Paul zwei gleiche Zwischenergebnisse?

c) Addiere die Zahlen.   A **Im gelben Quadrat.**   B **Im roten Quadrat.**

2

A

1	2	3
11	12	13
21	22	23
31	32	33

B

1	2	3	4
11	12	13	14
21	22	23	24
31	32	33	34

C

1	2	3	4	5
11	12	13	14	15
21	22	23	24	25
31	32	33	34	35

D

1	2	3	4	5	6
11	12	13	14	15	16
21	22	23	24	25	26
31	32	33	34	35	36

a) Addiert jeweils die vier Zahlen. Vergleicht die Summen.

b) Kennt ihr schon die nächste Summe? Begründet.

3 **Knobeln** Sucht das passende Quadrat zu der

a) Summe 26.   b) Summe 46.   c) Summe 106.   d) Summe 198.   e) Summe 378.

4 Addiert jeweils die Zahlen einer Farbe. Wie verändern sich die Ergebnisse? Begründet.

a)

1	2	3	4	5	6	7	8	9	10
11	12	13	14	15	16	17	18	19	20
21	22	23	24	25	26	27	28	29	30
31	32	33	34	35	36	37	38	39	40
41	42	43	44	45	46	47	48	49	50
51	52	53	54	55	56	57	58	59	60
61	62	63	64	65	66	67	68	69	70
71	72	73	74	75	76	77	78	79	80
81	82	83	84	85	86	87	88	89	90
91	92	93	94	95	96	97	98	99	100

Findest du vorteilhafte Rechenwege?

b)

1	2	3	4	5	6	7	8	9	10
11	12	13	14	15	16	17	18	19	20
21	22	23	24	25	26	27	28	29	30
31	32	33	34	35	36	37	38	39	40
41	42	43	44	45	46	47	48	49	50
51	52	53	54	55	56	57	58	59	60
61	62	63	64	65	66	67	68	69	70
71	72	73	74	75	76	77	78	79	80
81	82	83	84	85	86	87	88	89	90
91	92	93	94	95	96	97	98	99	100

$(3 \cdot 5)$

5 a) $30 \cdot 5$ b) $80 \cdot 7$ c) $50 \cdot 3$ d) $5 \cdot 60$ e) $6 \cdot 80$ f) $5 \cdot 40$

　　$20 \cdot 3$　　$30 \cdot 4$　　$40 \cdot 8$　　$7 \cdot 30$　　$6 \cdot 90$　　$3 \cdot 30$

　　$40 \cdot 4$　　$50 \cdot 6$　　$70 \cdot 3$　　$4 \cdot 70$　　$8 \cdot 70$　　$2 \cdot 90$

4 Erst probieren. Dann Lösungsstrategien besprechen.

1 Ordnet die Bilder nach Leas Tagesablauf. Notiert die Uhrzeiten. Es entsteht ein Lösungswort.

2 Wie spät ist es? Schreibe beide Möglichkeiten.

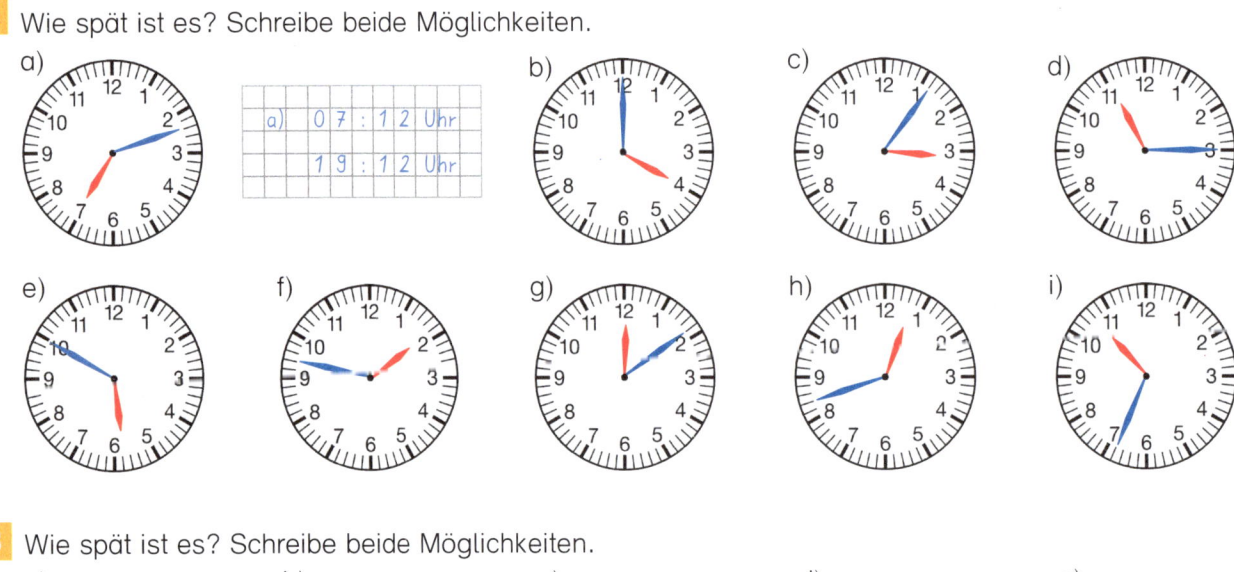

a)

a)	0	7	:	1	2	Uhr
	1	9	:	1	2	Uhr

3 Wie spät ist es? Schreibe beide Möglichkeiten.

a) 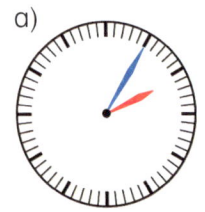 b) 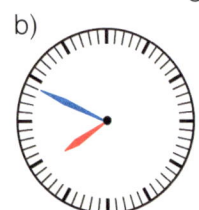 c) 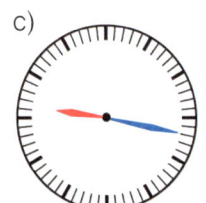 d) 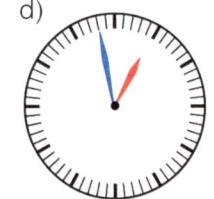 e)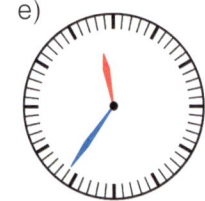

? 4 Kann das stimmen?

a) Auf meiner Uhr ist es 14:63 Uhr.

b) Die Kindersendung „Lilaleo" startet um 23:45 Uhr.

c) Unsere Schule beginnt mit dem Unterricht um 07:55 Uhr.

d) 00:00 Uhr und 12:00 Uhr ist dasselbe.

e) Die Klasse 3 b hat um 00:37 Uhr Schwimmunterricht.

f) Ein Tag hat 24 Stunden.

Wortspeicher

Eine Viertelstunde
hat 15 Minuten.
$\frac{1}{4}$ h = 15 min

Eine halbe Stunde
hat 30 Minuten.
$\frac{1}{2}$ h = 30 min

Eine Dreiviertelstunde
hat 45 Minuten.
$\frac{3}{4}$ h = 45 min

Eine Stunde
hat 60 Minuten.
1 h = 60 min

1 Wie viel Zeit ist jeweils vergangen?

a) 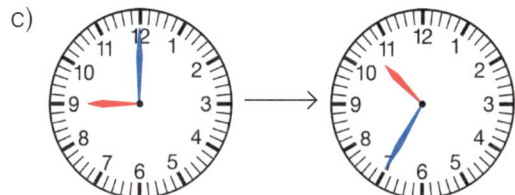   b)

a) | 1 | h | 5 | min |

c) 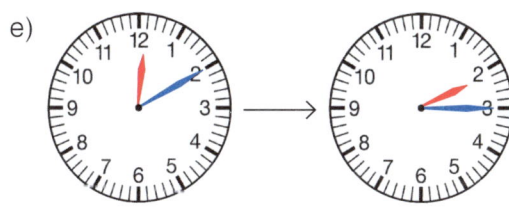   d)

e)   f)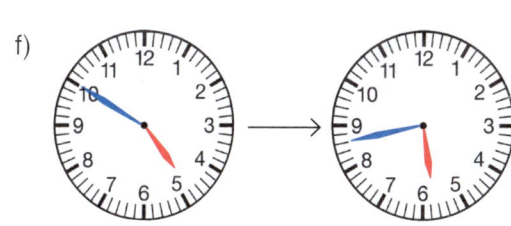

2 Wie viele Minuten sind es?

a) 2 h
3 h
5 h
6 h

a) | 2 | h | = | 1 | 2 | 0 | min |
3 h =

b) 1 h
$\frac{1}{2}$ h
$\frac{1}{4}$ h
$\frac{3}{4}$ h

c) 1 h 10 min
1 h 5 min
1 h 20 min
1 h 45 min

d) $3\frac{1}{2}$ h
$10\frac{1}{2}$ h
$12\frac{1}{2}$ h
$5\frac{3}{4}$ h

3 Wie viele Stunden und Minuten sind es?

a) 60 min
65 min
75 min
80 min

a) | 6 | 0 | min | = | 1 | h | 0 | min |
65 min =

b) 5 min
30 min
15 min
45 min

c) 90 min
85 min
126 min
135 min

d) 600 min
1 200 min
1 800 min
2 400 min

AH 67 FÖ 80–81   Wortspeicher nutzen.
FI 7 40–42

107

Wortspeicher

1 Minute gleich **60 Sekunden**.
1 min = 60 s

 1 Wie viele Sekunden dauert es? Messt mit einer Stoppuhr.

a) Bis 20 zählen.

b) Den eigenen Namen buchstabieren.

c) Eine Schleife binden.

d) Zehn Kniebeugen machen.

e) Ein Heft aus der Schultasche holen.

f) Das Alphabet aufsagen.

2

25 m

1 Minute
und
10 Sekunden

So schnell sind die Kinder geschwommen. Ordnet.

1. Anna	
2.	

Finn   Rica   Anna   Jan   Oliver

3 Wie viele Sekunden sind es?

a) 2 min
   3 min
   5 min
   10 min

a)	2 min	=	1 2 0 s
	3 min	=	

b) 1 min 5 s
   2 min 20 s
   3 min 10 s
   4 min 32 s

c) 3 min 20 s
   5 min 15 s
   10 min 10 s
   10 min 25 s

d) $\frac{1}{2}$ min
   $2\frac{1}{2}$ min
   $4\frac{1}{2}$ min
   $8\frac{1}{2}$ min

4 Wie viele Minuten und Sekunden sind es?

a) 60 s
   70 s
   85 s
   90 s

a)	6 0 s	= 1 min 0 s
	7 0 s	=

b) 100 s
   130 s
   110 s
   150 s

c) 210 s
   385 s
   250 s
   465 s

d) 660 s
   750 s
   900 s
   1 000 s

? **5** Kann das stimmen?

a)
In 10 Sekunden
laufe ich 1 km weit.

b)
Eine Schulstunde
dauert 45 Minuten.

c)
Ich kann 10 Minuten
die Luft anhalten.

1 Die Tabelle zeigt, wie viel Zeit Enno in dieser Woche für seine Hausaufgaben benötigt hat.

Tipp 4: Hilfsmittel verwenden
Skizze zeichnen

	Beginn	Ende	Dauer
Montag	14:30 Uhr	15:10 Uhr	▪min
Dienstag	13:30 Uhr	14:15 Uhr	▪
Mittwoch	15:15 Uhr	16:05 Uhr	▪
Donnerstag	13:35 Uhr	14:10 Uhr	▪
Freitag	–	–	–
Samstag	10:25 Uhr	11:10 Uhr	▪

a) An welchem Tag beginnt Enno am frühesten mit den Hausaufgaben?

b) An welchem Tag beendet Enno seine Hausaufgaben um 16:05 Uhr?

c) An welchen Tagen startet Enno vor 14:00 Uhr mit den Hausaufgaben?

d) Wie lange dauern jeweils die Hausaufgaben?

e) Wie viel Zeit verbringt Enno in der gesamten Woche mit den Hausaufgaben?

f) In der letzten Woche benötigte Enno an zwei Tagen 10 min mehr und an einem Tag 15 min weniger Zeit. Wie viel Zeit benötigte er insgesamt für seine Hausaufgaben?

2 Wie lange sitzt du an deinen Hausaufgaben? Notiere eine Woche lang deine Zeiten in einer Tabelle. Vergleiche in deiner Klasse.

	Beginn	Ende	Dauer
Montag	▪	▪	▪
Dienstag	▪	▪	▪

3 Caroline hat ihre Lieblingssendungen notiert.

Sendung	Beginn	Ende	Dauer
Kindernachrichten	18:50 Uhr	19:15 Uhr	▪
Wissensshow	16:35 Uhr	17:10 Uhr	▪
Quiz	14:25 Uhr	14:55 Uhr	▪
Hier kommt Willi	18:25 Uhr	19:15 Uhr	▪

a) Berechnet jeweils die Dauer.

b) Welche Sendung dauert am längsten?

c) Welche Sendung dauert doppelt so lange wie „Kindernachrichten"?

d) Findet weitere Fragen und beantwortet sie.

4 Notiert in einer Tabelle die Sendungen, die euch interessieren.

Sendung	Beginn	Ende	Dauer
▪	▪	▪	▪
▪	▪	▪	▪

5 Die Sendung „Tiere im Meer" soll um 18:40 Uhr starten. Sie dauert 45 min. Wegen einer Sondersendung beginnt „Tiere im Meer" erst um 18:55 Uhr.

a) Wie lange dauert die Sondersendung?

b) Wann endet „Tiere im Meer"?

Tipp 2: Wichtige Daten

AH 68 FÖ 82   Tipps nutzen.
FI7 43–47   **2** und **4** Kopiervorlagen 218 und 219 nutzen. **2** und **4** Offene Aufgabe.

109

1

Wortspeicher

1 Tag gleich **24 Stunden**.
1 Tag = 24 h

Sonne °C
21. Juni ☀ 05:05
21:50
– Zeiten für Bielefeld –

Im Osten geht die Sonne auf
im Süden nimmt sie ihren Lauf,
im Westen wird sie untergehen,
im Norden ist sie nie zu sehen.

die Rechen-konferenz

Wie lange ist es am 21. Juni hell? Vergleicht die Lösungsskizzen.

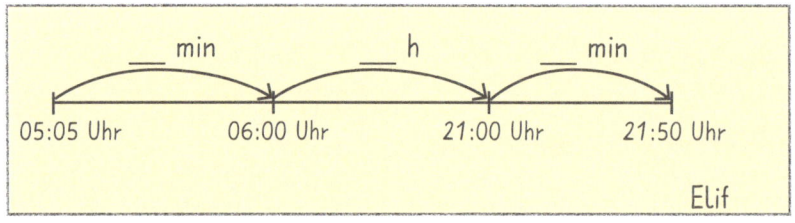

___ min ___ h ___ min

05:05 Uhr   06:00 Uhr   21:00 Uhr   21:50 Uhr

Elif

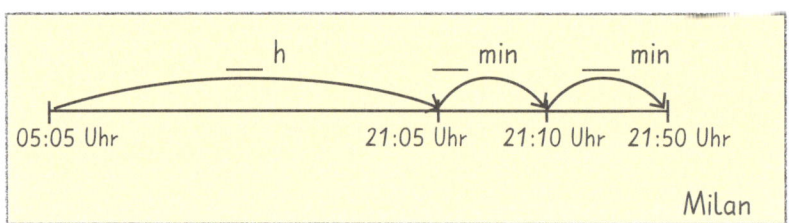

___ h ___ min ___ min

05:05 Uhr   21:05 Uhr   21:10 Uhr   21:50 Uhr

Milan

Mein Weg:

Tipp 4: Hilfsmittel
verwenden
Skizze zeichnen

in Bielefeld	Sonnenaufgang	Sonnenuntergang
20. Januar	08:23	16:52
20. Februar	07:32	17:48
20. März	06:30	18:38
20. April	06:19 *	20:31 *
20. Mai	05:25 *	21:20 *
21. Juni	05:05 *	21:50 *
20. Juli	05:30 *	21:34 *
20. August	06:17 *	20:40 *
23. September	07:13 *	19:23 *
20. Oktober	07:59 *	18:22 *
20. November	07:54	16:29
22. Dezember	08:32	16:17

* Sommerzeit

2 a) Wie lange ist es an den
angegebenen Tagen hell?

b) In welchem Monat ist die
kürzeste Nacht und in welchem
Monat die längste Nacht?

3 An welchen Tagen ist es
ungefähr genauso lange hell
wie dunkel?

4 In welchem Monat bist du geboren?
Wie lange ist es an deinem Geburtstag
ungefähr hell?

Wortspeicher nutzen. Tipp nutzen. **1** Thematisieren, dass diese Zeiten ortsabhängig sind und sich jedes
Jahr ein wenig ändern. Evtl. der örtlichen Tageszeitung oder dem Internet entnehmen.   FO 65–66
3 Frühlings- und Herbstanfang besprechen.

Tipp 2: Wichtige Daten

Tipp 3: Schrittweise vorgehen

Tipp 4: Hilfsmittel verwenden
Skizze zeichnen

1 Das ist der Zugfahrplan von Köln nach Münster.

a) Was bedeuten die Abkürzungen „IC" und „RE"?

b) Wie viel Kilometer sind es von Köln nach Münster?

c) Wann fährt der früheste Zug nach Münster in Köln ab?

d) Wann kommt der IC, der um 07:46 Uhr in Köln startet, in Münster an?

Köln Hbf → Münster (Westf) Hbf
162 km

ab	Zug	an
05 : 11	IC	06 : 53
05 : 46	IC	07 : 28
06 : 20	RE	08 : 19
07 : 11	IC	08 : 53
07 : 21	RE	09 : 23
07 : 46	IC	09 : 28
08 : 11	IC	09 : 53

2 a) Frau Schmitz aus Köln möchte mit ihren Kindern zur Radtour ins Münsterland.
Sie will um 06:20 Uhr starten.
Wie lange dauert die Bahnfahrt nach Münster?
Zeichne diese Skizze. Trage die Daten ein.

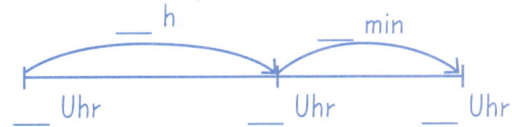

b) Frau Schmitz überlegt, ob sie den IC um 07:11 Uhr nehmen soll.
Wie lange dauert die Bahnfahrt nach Münster? Zeichne eine Skizze.

c) Wie lange dauern die Fahrten der anderen Züge nach Münster? Zeichne jeweils eine Skizze.

3 a) Frau Schmitz und ihre Kinder haben den IC um 07:11 Uhr genommen.
Der Zug hatte 10 min Verspätung.
Wann kam der Zug in Münster an? Zeichne eine Skizze.

b) Der Zug, der um 05:46 Uhr fahren sollte, hatte bei der Abfahrt 30 min Verspätung.
Wann fuhr der Zug in Köln ab?

c) Der Zug, der um 07:21 Uhr fahren sollte, fährt heute wegen Bauarbeiten 25 min früher.
Wann kommt der Zug in Münster an?

4 Welche Rechengeschichte passt zu dieser Skizze? Rechne und antworte.

17:12 Uhr   18:12 Uhr   18:27 Uhr

A Der RE fährt um 17:12 Uhr in Minden ab und kommt um 18:27 Uhr in Hamm an. Wie lange dauert die Fahrt?

B Der IC fährt um 17:12 Uhr in Gütersloh ab und kommt um 18:12 Uhr in Essen an. Wie lange dauert die Fahrt?

C Lisa ist um 17:12 Uhr am Bahnhof. Der Zug fährt mit Verspätung um 18:12 Uhr ab. Wie lange hat Lisa gewartet?

1 die Rechen-konferenz

$4 \cdot 45$ Wie rechnest du?

Mein Weg:

Alex:
$4 \cdot 45$
$4 \cdot 40 = 160$
$4 \cdot 5 = 20$
$4 \cdot 45 = \blacksquare$

Hanna:
$2 \cdot 45 = 90$
$4 \cdot 45 = \blacksquare$

Vincent:
$4 \cdot 45$
$4 \cdot 50 = 200$
$4 \cdot 5 = 20$
$4 \cdot 45 = \blacksquare$

2 a)
$3 \cdot 52$
$3 \cdot 50$
$3 \cdot 2$
$3 \cdot 52$

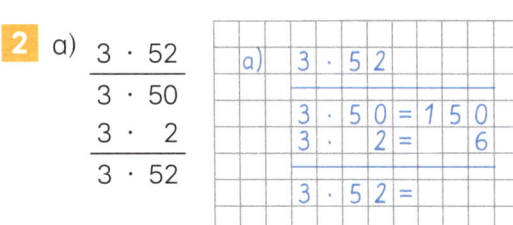

a)
$3 \cdot 52$
$3 \cdot 50 = 150$
$3 \cdot 2 = 6$
$3 \cdot 52 =$

b)
$5 \cdot 68$
$5 \cdot 60$
$5 \cdot 8$
$5 \cdot 68$

c)
$6 \cdot 47$
$6 \cdot 40$
$6 \cdot 7$
$6 \cdot 47$

d)
$4 \cdot 26$
$4 \cdot 20$
$4 \cdot 6$
$4 \cdot 26$

e)
$7 \cdot 24$
$7 \cdot 20$
$7 \cdot 4$
$7 \cdot 24$

104   156   168   282   340   362

3 Rechne auf deinem Weg.

a) $4 \cdot 35$ b) $8 \cdot 35$ c) $5 \cdot 43$ d) $6 \cdot 43$ e) $9 \cdot 22$

140   198   215   258   262   280

4
a)
$3 \cdot 64$
$6 \cdot 64$
$9 \cdot 64$
$8 \cdot 64$

b)
$2 \cdot 49$
$4 \cdot 49$
$8 \cdot 49$
$7 \cdot 49$

c)
$2 \cdot 37$
$3 \cdot 37$
$5 \cdot 37$
$6 \cdot 37$

d)
$8 \cdot 52$
$4 \cdot 52$
$2 \cdot 52$
$3 \cdot 52$

e)
$2 \cdot 125$
$4 \cdot 125$
$8 \cdot 125$
$6 \cdot 125$

f)
$3 \cdot 160$
$6 \cdot 160$
$9 \cdot 160$
$8 \cdot 160$

74 98 100 104 111 156 185 192 196 208 222 250 343 384 392 416 480 500 512 576 750 960 1000 1280 1440

5
a)
$3 \cdot 12$
$4 \cdot 13$
$5 \cdot 14$

b)
$6 \cdot 21$
$4 \cdot 31$
$8 \cdot 41$

c)
$2 \cdot 35$
$2 \cdot 45$
$2 \cdot 55$

d)
$3 \cdot 22$
$6 \cdot 32$
$9 \cdot 32$

e)
$7 \cdot 14$
$7 \cdot 15$
$7 \cdot 16$

f)
$4 \cdot 25$
$6 \cdot 25$
$8 \cdot 25$

36 52 66 70 70 90 98 100 105 110 112 124 125 126 150 192 200 288 328

6 Beschreibt und erklärt die Fehler der Kinder. Rechnet richtig.

a)
$4 \cdot 28$
$4 \cdot 20 = 80$
$4 \cdot 8 = 24$
$4 \cdot 28 = 104$
Maja

b)
$6 \cdot 64$
$6 \cdot 60 = 360$
$6 \cdot 4 = 24$
$6 \cdot 64 = 364$
Erik

c)
$3 \cdot 75$
$3 \cdot 7 = 21$
$3 \cdot 5 = 35$
$3 \cdot 75 = 56$
Fritz

d)
$4 \cdot 130$
$4 \cdot 100 = 400$
$4 \cdot 3 = 12$
$4 \cdot 130 = 412$
Julie

1 Rechenwege vergleichen. Rechenstrategien (Verdoppeln, Halbieren, Nachbaraufgaben) besprechen. AH 69   FÖ 83–84
2 und **3** Diff.: Leistungsstärkere Kinder können Nr. 2 auslassen und gleich auf ihrem Weg rechnen. FO 67   FI 11 39– 42

1 Wie rechnest du?

$$96 : 4$$

Mein Weg:

Marie
```
96 : 4
80 : 4 = 20
16 : 4 =  4
96 : 4 = ▨
```

Ella
```
96 : 4
100 : 4 = 25
  4 : 4 =  1
 96 : 4 = ▨
```

Felix
```
96 : 4
40 : 4 = 10
40 : 4 = 10
16 : 4 =  4
96 : 4 = ▨
```

2 a)
```
69 : 3
60 : 3
 9 : 3
69 : 3
```

```
a)   6 9 : 3
  6 0 : 3 = 2 0
    9 : 3 =     3
  6 9 : 3 =
```

b)
```
65 : 5
50 : 5
15 : 5
65 : 5
```

c)
```
176 : 4
160 : 4
 16 : 4
176 : 4
```

d)
```
132 : 3
120 : 3
 12 : 3
132 : 3
```

e)
```
301 : 7
280 : 7
 21 : 7
301 : 7
```

13   23   31   43   44   44

3 Rechne auf deinem Weg.

a) $52 : 4$ b) $72 : 3$ c) $75 : 3$ d) $104 : 4$ e) $96 : 8$

12   13   24   25   26   32

4
a)
```
88 : 4
92 : 4
48 : 3
45 : 3
```
b)
```
84 : 7
84 : 6
96 : 8
96 : 6
```
c)
```
 95 : 5
100 : 5
110 : 5
120 : 5
```
d)
```
560 : 5
672 : 6
784 : 7
896 : 8
```
e)
```
153 : 3
172 : 4
198 : 6
145 : 5
```
f)
```
196 : 4
186 : 6
195 : 5
219 : 3
```

12   12   14   15   15   16   16   19   20   22   22   23   24   29   31   33   39   43   49   51   73   112   112   112   112

5
a)
```
48 : 4
52 : 4
56 : 4
```
b)
```
33 : 3
66 : 3
99 : 3
```
c)
```
88 : 8
88 : 4
88 : 2
```
d)
```
100 : 5
 75 : 5
150 : 5
```
e)
```
217 : 7
213 : 3
212 : 4
```
f)
```
366 : 6
426 : 6
546 : 6
```

11   11   12   13   14   15   20   22   22   30   31   33   35   44   53   61   71   71   91

6 Beschreibt und erklärt die Fehler der Kinder. Rechnet richtig.

a) Mia
```
174 : 6
120 : 6 = 20
 54 : 6 =  8
174 : 6 = 28
```

b) Deniz
```
189 : 7
140 : 7 = 20
 49 : 7 =  7
189 : 7 = 13
```

c) Jayce
```
168 : 3
 15 : 3 =  5
 18 : 3 =  6
168 : 3 = 11
```

d) Narin
```
135 : 9
 90 : 9 = 10
 36 : 9 =  4
135 : 9 = 14
```

AH 70 FÖ 85–87   **1** Verschiedene Rechenwege vergleichen. Rechenstrategien (Nachbaraufgaben) nutzen. Passend

FO 67 FI 11 44–46 zerlegen: Jeweils diskutieren, welcher Teil des Dividenden zunächst (leicht) dividiert werden soll.

2 und **3** Diff.: Leistungsstärkere Kinder können Nr. 2 auslassen und gleich auf ihrem Weg rechnen.

113

1 Wie groß ist der Flächeninhalt der Figuren?

Vermutet. Spannt und prüft mit Maßquadraten. Zeichnet.

A 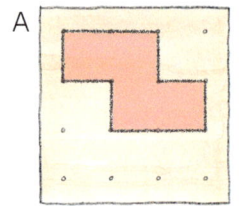    4 Maßquadrate   B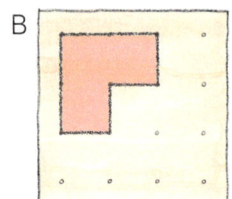

C 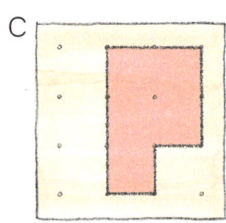   D 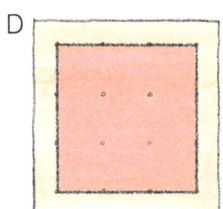   E 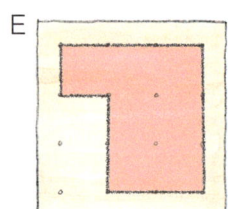   F 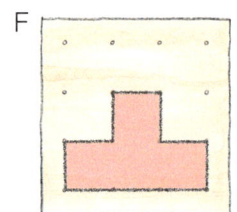   G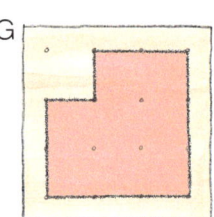

2 Spannt und zeichnet verschiedene Figuren:

a) mit 3 Maßquadraten. b) mit 6 Maßquadraten. c) mit 7 Maßquadraten.
d) mit 5 Maßquadraten. e) mit 8 Maßquadraten. f) mit 4 Maßquadraten.

3 Wie viele Maßquadrate werden durch die graue Fläche verdeckt?

a) 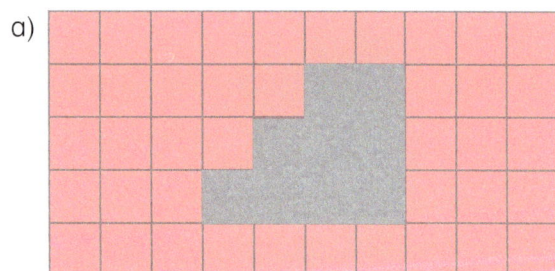   b)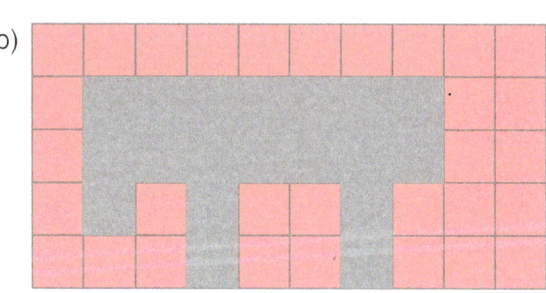

4 Knobeln Wie viele Maßquadrate brauchst du jeweils, um das weiße Quadrat auszulegen?

a) 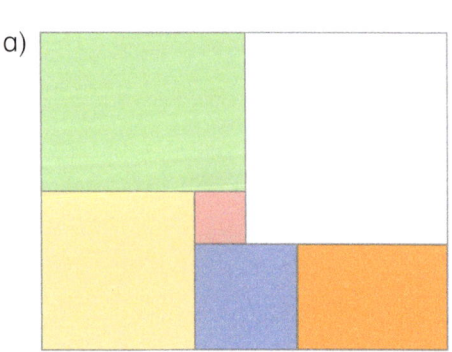   b)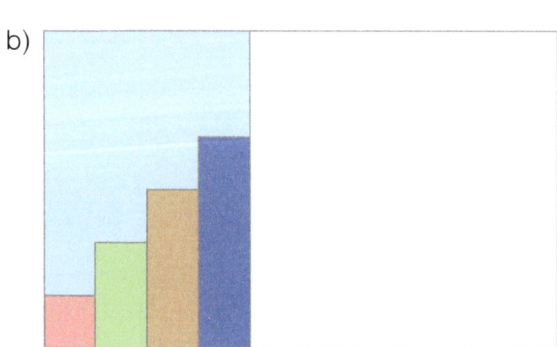

5 A   B

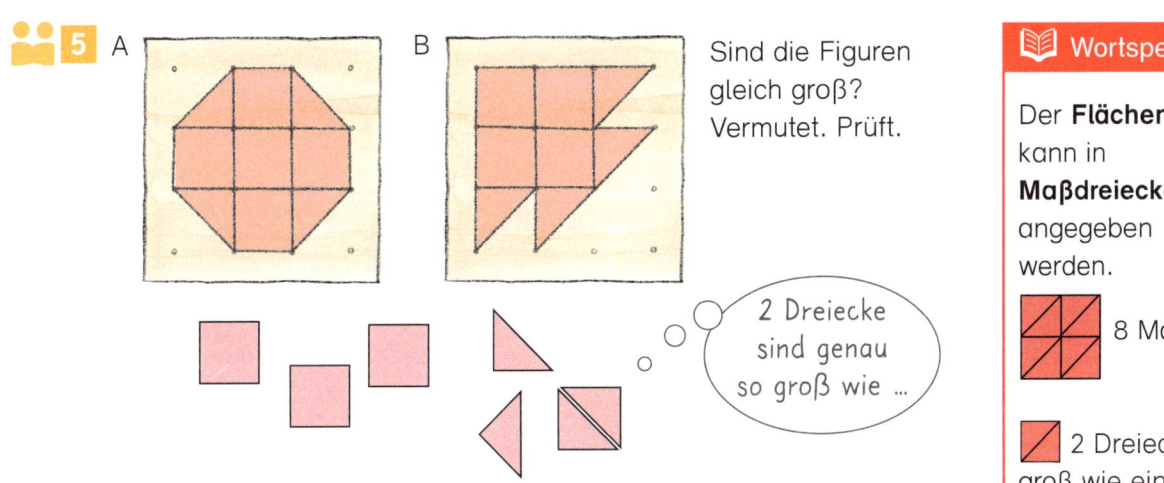

Sind die Figuren gleich groß? Vermutet. Prüft.

2 Dreiecke sind genau so groß wie …

6 Wie groß sind die Figuren? Spannt und legt mit Maßquadraten und Maßdreiecken. Zeichnet.

A   7 Maßquadrate 2 Maßdreiecke   B   C   D

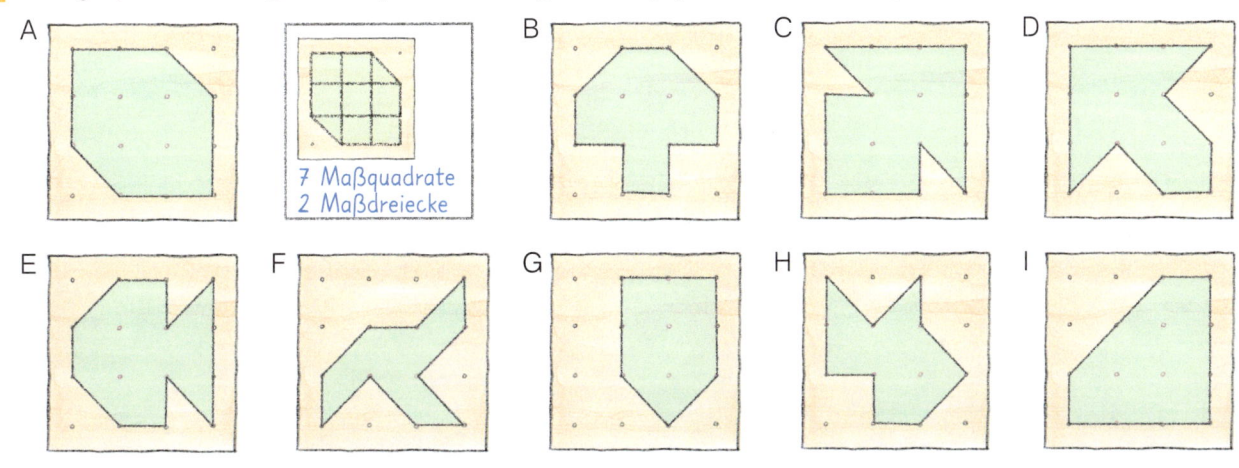

E   F   G   H   I

7 Alle Figuren einer Reihe sollen gleich groß sein. Eine passt nicht. Spannt. Legt die Figuren aus.

a) A   B   C   D   E

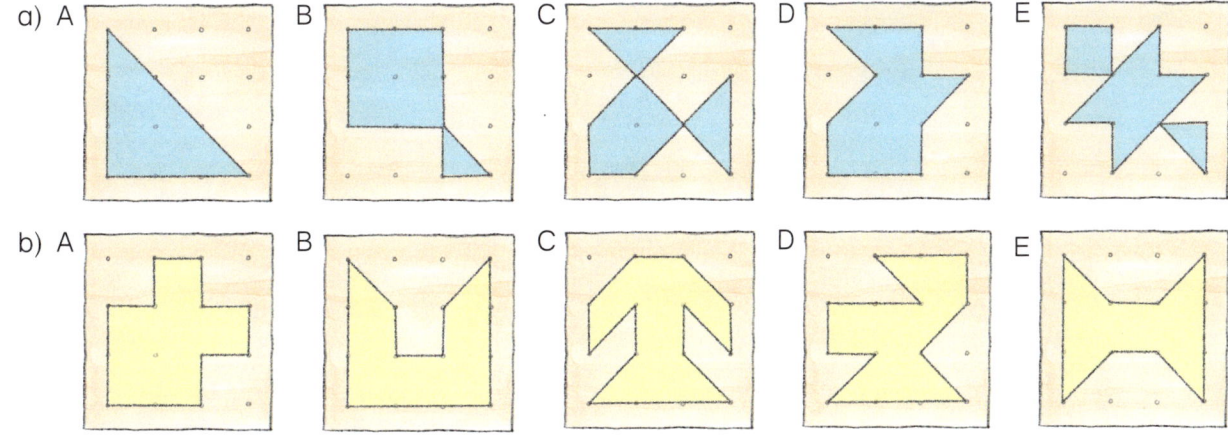

b) A   B   C   D   E

8 Spannt und zeichnet verschiedene Figuren:

a) mit 6 Maßdreiecken.

b) mit 10 Maßdreiecken.

c) mit 4 Maßquadraten und 3 Maßdreiecken.

Enrico **Fermi** war ein Physiker. Er war berühmt für sein gutes Abschätzen.

Fermi-Aufgaben enthalten zu wenig Informationen. Diese muss man sich selbst beschaffen, oder man muss schätzen. Unterschiedliche Annahmen führen zu unterschiedlichen Lösungen.

1 Verbraucht ein Schulkind in einem Monat mehr als **1 Meter** Zahnpasta?

 a) Besprecht Ideen, wie ihr eine Lösung finden könnt.

Wie oft putze ich meine Zähne?

Wie viel Zahnpasta brauche ich für einmal Zähneputzen?

Wie viele Tage hat ein Monat?

Wie notieren wir unsere Ergebnisse?

b) Präsentiert eure Ergebnisse auf einem Plakat.
   Erklärt. Vergleicht.

Zahnpasta-Aufgabe

Es ist mehr als 1 Meter, weil

Tage	Zahnpasta

Jim, Greta, Ayse, Eren

1 m Zahnpasta in einem Monat?

von Azat, Ole, Mia, Lilly

2 Putzt ein Schulkind in einer Woche mehr als **1 Stunde** die Zähne?

a) Besprecht Ideen, wie ihr eine Lösung finden könnt.
b) Präsentiert eure Ergebnisse auf einem Plakat.
   Erklärt. Vergleicht.

116

1 und 2 Gruppenarbeit.   AH 72 FÖ 88
FO 69–72

1 Wie spät ist es? Schreibe beide Möglichkeiten in dein Heft.

a)  ▮ Uhr
▮ Uhr

b)  ▮ Uhr
▮ Uhr

2 Wie viel Zeit ist jeweils vergangen?

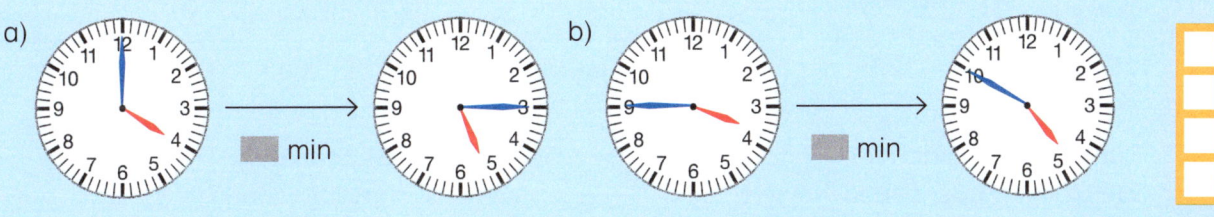

a) ▮ min

b) ▮ min

3 Wie viele Stunden und Minuten sind es?

a) 70 min = ▮
120 min = ▮
85 min = ▮

b) 100 min = ▮
240 min = ▮
600 min = ▮

4 Wie viele Sekunden sind es?

a) 1 min = ▮
4 min = ▮
6 min = ▮

b) 1 min 10 s = ▮
5 min 30 s = ▮
3 min 15 s = ▮

c) $\frac{1}{2}$ min = ▮
$2\frac{1}{2}$ min = ▮
$4\frac{1}{2}$ min = ▮

5 Der ICE fährt um 13:25 Uhr in Frankfurt ab und kommt um 14:47 Uhr in Fulda an.
Wie lange dauert die Fahrt? Zeichne eine Skizze in dein Heft. Rechne und Antworte.

6 Rechne auf deinem Weg.

8 · 26

7 Rechne auf deinem Weg.

78 : 6

Zuerst Aufgaben lösen, dann selbst einschätzen.
Auf der Basis der Selbsteinschätzung gemeinsam mit dem Kind individuelle Lernziele formulieren.
Kopiervorlage nutzen (KV im Lehrermaterial) oder Aufgaben ins Heft schreiben.

Zahlen

die Stellenwerttafel

Tausender	Hunderter	Zehner	Einer	Zahl
	4	5	1	451

Die Zahl 451 ist **dreistellig**.
Sie besteht aus den **Ziffern** 4, 5 und 1.

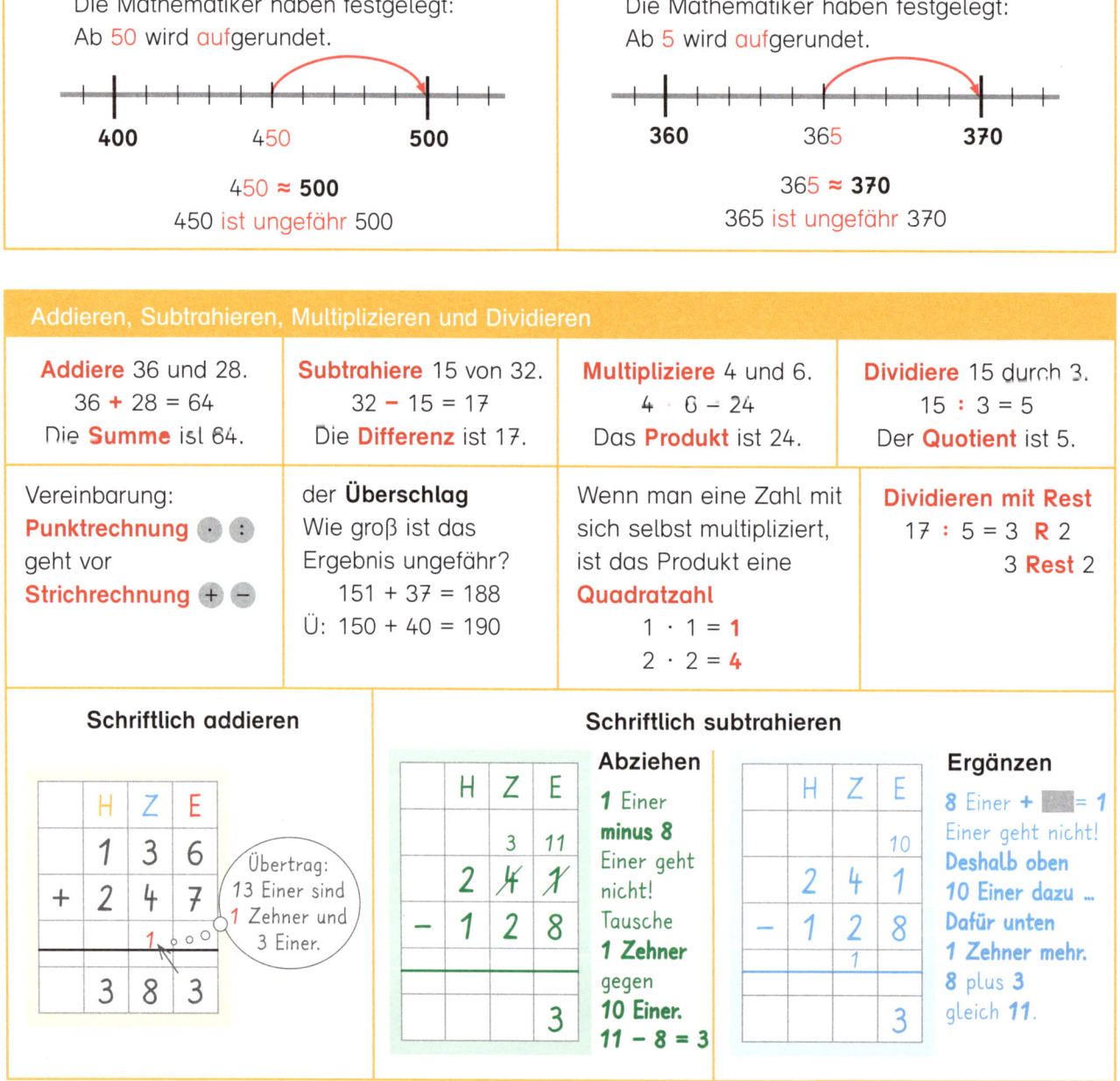

125		127
	126	

Vorgänger	Zahl	Nachfolger
125	126	**127**

340		350
	346	

Nachbar-zehner	Zahl	Nachbar-zehner
340	346	**350**

800		900
	867	

Nachbar-hunderter	Zahl	Nachbar-hunderter
800	867	**900**

Runden auf Hunderter

Die Mathematiker haben festgelegt:
Ab 50 wird aufgerundet.

400   450   500

450 ≈ **500**
450 ist ungefähr 500

Runden auf Zehner

Die Mathematiker haben festgelegt:
Ab 5 wird aufgerundet.

360   365   370

365 ≈ **370**
365 ist ungefähr 370

Addieren, Subtrahieren, Multiplizieren und Dividieren

Addiere 36 und 28.
36 **+** 28 = 64
Die **Summe** ist 64.

Subtrahiere 15 von 32.
32 **−** 15 = 17
Die **Differenz** ist 17.

Multipliziere 4 und 6.
4 · 6 = 24
Das **Produkt** ist 24.

Dividiere 15 durch 3.
15 : 3 = 5
Der **Quotient** ist 5.

Vereinbarung:
Punktrechnung (·) (:)
geht vor
Strichrechnung (+) (−)

der **Überschlag**
Wie groß ist das
Ergebnis ungefähr?
151 + 37 = 188
Ü: 150 + 40 = 190

Wenn man eine Zahl mit
sich selbst multipliziert,
ist das Produkt eine
Quadratzahl
1 · 1 = **1**
2 · 2 = **4**

Dividieren mit Rest
17 **:** 5 = 3 **R** 2
3 **Rest** 2

Schriftlich addieren

H	Z	E
1	3	6
+ 2	4	7
	1	
3	8	3

Übertrag:
13 Einer sind
1 Zehner und
3 Einer.

Schriftlich subtrahieren

Abziehen

H	Z	E
	3	11
2	4̶	1̶
− 1	2	8
		3

1 Einer
minus 8
Einer geht
nicht!
Tausche
1 Zehner
gegen
10 Einer.
11 − 8 = 3

Ergänzen

H	Z	E
		10
2	4	1
− 1	2	8
	1	
		3

8 Einer + ▨ = 1
Einer geht nicht!
Deshalb oben
10 Einer dazu …
Dafür unten
1 Zehner mehr.
8 plus 3
gleich 11.

Wortspeicher

Geometrie

Symmetrische Figuren haben eine oder mehrere **Symmetrieachsen**.

Sie sind **achsensymmetrisch**.

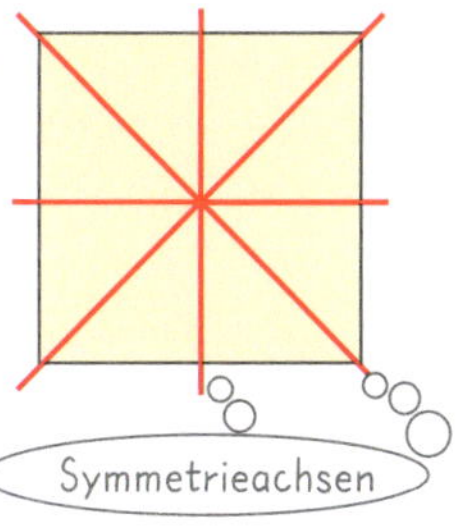

Symmetrieachsen

Der **Flächeninhalt** kann in **Maßquadraten** angegeben werden.

4 Maßquadrate

Der **Flächeninhalt** kann in **Maßdreiecken** angegeben werden.

8 Maßdreiecke

2 Dreiecke sind so groß wie ein Quadrat.

Geometrische Körper

der **Würfel** der **Quader** die **Kugel** die **Pyramide** der **Zylinder** der **Kegel** das **Prisma**

Ein **Bauplan** beschreibt die Anzahl und Anordnung der Würfel in einem Würfelgebäude.

der Körper

die **Fläche** die **Ecke** die **Spitze** die **Fläche** die **Kante** die **Kante**

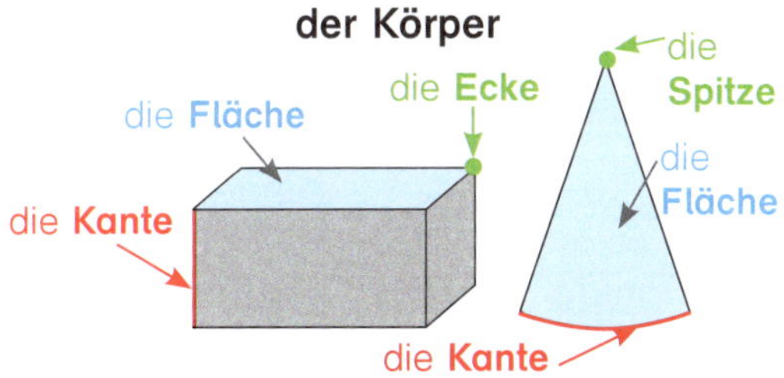

Aus einem **Netz** kann ein Körper gefaltet werden.

das Würfelnetz

der Würfel

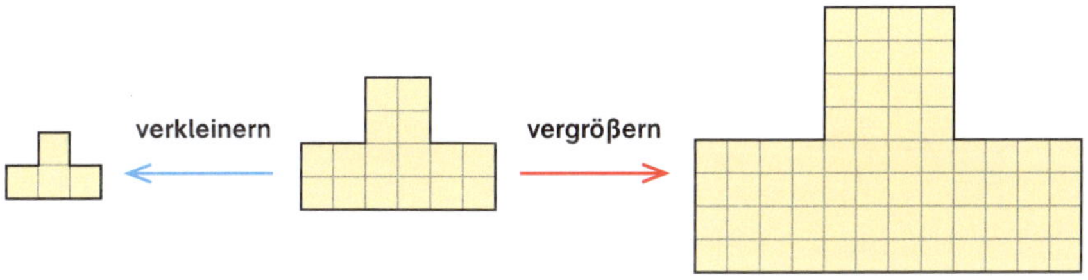

Bauplan

3	2	1
2	2	1
1	1	1

verkleinern ← → vergrößern

zum Beispiel: jede Linie **halb so lang**

zum Beispiel: jede Linie **doppelt so lang**

Ein **Parkettmuster** besteht aus Formen, die sich wiederholen. Das Muster lässt sich in alle Richtungen fortsetzen. Es gibt keine Lücken.

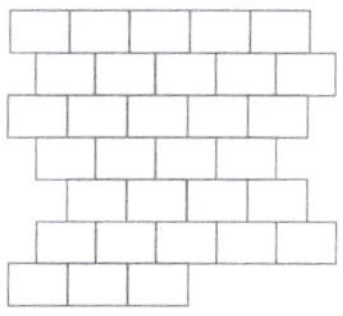

Daten, Häufigkeiten und Wahrscheinlichkeiten

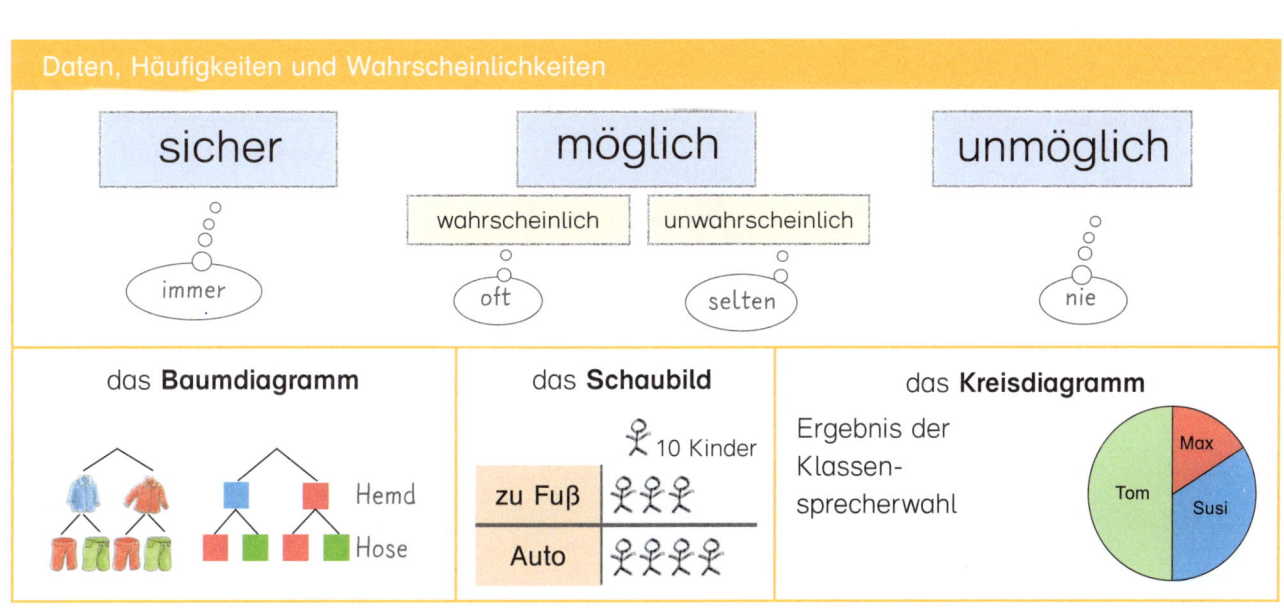

sicher	möglich	unmöglich
	wahrscheinlich unwahrscheinlich	
immer	oft selten	nie

das **Baumdiagramm**

Hemd

Hose

das **Schaubild**

10 Kinder

zu Fuß	
Auto	

das **Kreisdiagramm**

Ergebnis der Klassensprecherwahl

Max Tom Susi

Gewichte, Zeit

die Digitalwaage

Gewichte

1 Kilogramm gleich **1 000 Gramm**
1 kg = 1 000 g

ein **Kilogramm** gleich
1 000 Gramm
1 kg = 1 000 g

ein **halbes Kilogramm**
gleich **500 Gramm**
$\frac{1}{2}$ kg = 500 g

ein **Viertel Kilogramm**
gleich **250 Gramm**
$\frac{1}{4}$ kg = 250 g

100 g
100 Gramm

genau 1 kg

genau 100 g

genau 10 g

genau 1 g

ungefähr 1 kg

ungefähr 100 g

ungefähr 10 g

ungefähr 1 g

1 Tag gleich **24 Stunden.**
1 Tag = 24 h

1 Minute gleich **60 Sekunden.**
1 min = 60 s

Eine **Viertelstunde**
hat 15 Minuten.
$\frac{1}{4}$ h = 15 min

Eine **halbe Stunde**
hat 30 Minuten.
$\frac{1}{2}$ h = 30 min

Eine **Dreiviertelstunde**
hat 45 Minuten.
$\frac{3}{4}$ h = 45 min

Eine **Stunde**
hat 60 Minuten.
1 h = 60 min

Längen, Geld

1 Zentimeter gleich **10 Millimeter**
1 cm = 10 mm

Dicke eines Lineals
ungefähr 1 mm

Fingerbreite
ungefähr 10 mm

1 Meter gleich **100 Zentimeter**
1 m = 100 cm
ein **halber Meter** gleich
50 Zentimeter
$\frac{1}{2}$ m = 50 cm

1 Kilometer gleich **1 000 Meter**
1 km = 1 000 m
ein **halber Kilometer** gleich
500 Meter
$\frac{1}{2}$ km = 500 m

Das Komma trennt **Meter** und **Zentimeter**

2,15 m = **2 m 15 cm** = **215 cm**

zwei Komma
eins fünf Meter

zwei Meter fünfzehn
Zentimeter

zweihundertfünfzehn
Zentimeter

1 000 cm = 10,00 m
100 cm = 1,00 m
10 cm = 0,10 m
1 cm = 0,01 m

Das Komma trennt **Euro** und **Cent.**

2,50 € = **2 € 50 ct** = **250 ct**

zwei Euro
fünfzig

zwei Euro
und fünfzig Cent

zweihundertfünfzig Cent

100 ct = 1,00 €
10 ct = 0,10 €
1 ct = 0,01 €